世界五千年
科技故事丛书
卢嘉锡题

《世界五千年科技故事丛书》
编审委员会

丛书顾问　钱临照　卢嘉锡　席泽宗　路甬祥
主　　编　管成学　赵骥民
副 主 编　何绍庚　汪广仁　许国良　刘保垣
编　　委　王渝生　卢家明　李彦君　李方正　杨效雷

世界五千年科技故事丛书

原子弹之父
罗伯特·奥本海默

丛书主编　管成学　赵骥民
编著　张洪野　袁继贤

吉林出版集团 ｜ 吉林科学技术出版社

图书在版编目（CIP）数据

原子弹之父：罗伯特·奥本海默 / 管成学，赵骥民主编. -- 长春：吉林科学技术出版社，2012.10（2022.1重印）
ISBN 978-7-5384-6128-2

Ⅰ.①原… Ⅱ.①管… ②赵… Ⅲ.①奥本海默，J.R.（1904~1967）－生平事迹－通俗读物 Ⅳ.①K837.126.11-49

中国版本图书馆CIP数据核字（2012）第156276号

原子弹之父：罗伯特·奥本海默

主　　编	管成学　赵骥民
出版人	宛　霞
选题策划	张瑛琳
责任编辑	张胜利
封面设计	新华智品
制　　版	长春美印图文设计有限公司
开　　本	640mm×960mm　1/16
字　　数	100千字
印　　张	7.5
版　　次	2012年10月第1版
印　　次	2022年1月第5次印刷

出　　版	吉林出版集团
	吉林科学技术出版社
发　　行	吉林科学技术出版社
地　　址	长春市净月区福祉大路5788号
邮　　编	130118
发行部电话/传真	0431-81629529　81629530　81629531
	81629532　81629533　81629534
储运部电话	0431-86059116
编辑部电话	0431-81629518
网　　址	www.jlstp.net
印　　刷	北京一鑫印务有限责任公司

书　　号	ISBN 978-7-5384-6128-2
定　　价	33.00元

如有印装质量问题可寄出版社调换
版权所有　翻印必究　举报电话：0431-81629508

序 言

十一届全国人大副委员长、中国科学院前院长、两院院士

　　放眼21世纪，科学技术将以无法想象的速度迅猛发展，知识经济将全面崛起，国际竞争与合作将出现前所未有的激烈和广泛局面。在严峻的挑战面前，中华民族靠什么屹立于世界民族之林？靠人才，靠德、智、体、能、美全面发展的一代新人。今天的中小学生届时将要肩负起民族强盛的历史使命。为此，我们的知识界、出版界都应责无旁贷地多为他们提供丰富的精神养料。现在，一套大型的向广大青少年传播世界科学技术史知识的科普读物《世

序言

界五千年科技故事丛书》出版面世了。

由中国科学院自然科学研究所、清华大学科技史暨古文献研究所、中国中医研究院医史文献研究所和温州师范学院、吉林省科普作家协会的同志们共同撰写的这套丛书，以世界五千年科学技术史为经，以各时代杰出的科技精英的科技创新活动作纬，勾画了世界科技发展的生动图景。作者着力于科学性与可读性相结合，思想性与趣味性相结合，历史性与时代性相结合，通过故事来讲述科学发现的真实历史条件和科学工作的艰苦性。本书中介绍了科学家们独立思考、敢于怀疑、勇于创新、百折不挠、求真务实的科学精神和他们在工作生活中宝贵的协作、友爱、宽容的人文精神。使青少年读者从科学家的故事中感受科学大师们的智慧、科学的思维方法和实验方法，受到有益的思想启迪。从有关人类重大科技活动的故事中，引起对人类社会发展重大问题的密切关注，全面地理解科学，树立正确的科学观，在知识经济时代理智地对待科学、对待社会、对待人生。阅读这套丛书是对课本的很好补充，是进行素质教育的理想读物。

读史使人明智。在历史的长河中，中华民族曾经创造了灿烂的科技文明，明代以前我国的科技一直处于世界领先地位，涌现出张衡、张仲景、祖冲之、僧一行、沈括、郭守敬、李时珍、徐光启、宋应星这样一批具有世界影响的科学家，而在近现代，中国具有世界级影响的科学家并不多，与我们这个有着13亿人口的泱泱大国并不相称，与世界先进科技水平相比较，在总体上我国的科技水平还存在着较大差距。当今世界各国都把科学技术视为推动社会发展的巨大动力，把培养科技创新人才当做提高创新能力的战略方针。我国也不失时机地确立了科技兴国战略，确立了全面实施素质教育，提高全民素质，培养适应21世纪需要的创新人才的战略决策。党的十六大又提出要形成全民学习、终身学习的学习型社会，形成比较完善的科技和文化创新体系。要全面建设小康社会，加快推进社会主义现代化建设，我们需要一代具有创新精神的人才，需要更多更伟大的科学家和工程技术人才。我真诚地希望这套丛书能激发青少年爱祖国、爱科学的热情，树立起献身科技事业的信念，努力拼搏，勇攀高峰，争当新世纪的优秀科技创新人才。

目 录

奥本海默的一家/011
奥本海默的童年/017
柯尼希营地/023
知识海盗/031
走出迷惘/039
勾画原子弹的设计蓝图/048
Y基地/058
《洛斯阿拉莫斯入门》与保密/066
巨大的忧虑/077
间谍/088
"三一计划"/098
战争结束了/110

奥本海默的一家

19世纪末20世纪初，是一个伟大的科学时代。当时西欧和中欧各科研机构对哥白尼关于自然现象的理论提出了不同看法，原子时代的曙光喷薄着耀眼的光芒，引导着科学家们向早期经典物理学发起冲击。

26岁的爱因斯坦在德国莱比锡出版的《物理学纪事》杂志上发表了3篇论文，创造了科学史上的奇迹。

爱因斯坦的《论动体的电动力学》阐明了狭义相对论。他论证了质量和速度的关系，指出质量随着运动速度的增加而增加；还论证了质量和能量的关系，结论是一切质量都有能量，一切能量都有质量，质量和能量的关系，就是著名的爱因斯坦方程——$E=mc^2$，这里 E 是能量，m 是质量，c 是光速（19世纪中期，用精密仪器测定，光速为每秒30

万千米)。这一理论揭示了原子内部蕴藏着巨大的能量。

1911年，欧内斯特·卢瑟福发现原子核（原子核位于原子中心，是原子的1/20 000），并证明原子核就像一座发电厂。

1914年，赫·乔·威尔斯的小说《获得自由的世界》描写了地球人发明并使用了裂变原子弹。

奥本海默就是出生在这个核时代的初期，随着他的成长，他将迎来核时代的辉煌。

罗伯特·荣克在《比一千个太阳还要明亮》一书中称这一时期是"光辉的年代"，这是对核时代早期的生动描述。

1923年，英国哲学家罗素总结这个时代的特点时说："说到最后，使我们的时代和过去的时代有所不同的，就是科学。"

科学正主宰着20世纪初，它像希腊神话中的擎天巨人阿特拉斯那样，把整个世界背负在自己的双肩上。

就是在这样一个新世纪之始，1904年4月22日，原子弹之父J·罗伯特·奥本海默（J.Robert Oppenheimer，1904—1967）诞生于美国纽约一个犹太商人家庭。

当奥本海默以第一声啼哭向世人宣告他已来到这个世界上时，有谁会想到41年后的1945年8月6日、8月9日那两颗可怕的毁灭性武器——原子弹，竟是他主持研制的呢？

奥本海默本人也绝没有料到，他要经历两次世界大战，要用自己及合作者的智慧之果——原子弹，促使第二次世界大战提前结束。

奥本海默不仅是一位伟大的科学领袖，他还是一位杰出的正义卫士。

从原子弹爆炸时起，核军备竞赛由骚动的潜流，逐渐发展成喧嚣的波澜，人们开始谈核色变。核时代的战争与和平成为人们关注的话题。无论是在制造原子弹之前，还是在原子弹爆炸之后，奥本海默都是和平利用原子能的积极倡导者和努力实践者。

奥本海默回忆他的童年时说："并未使我对于世界是充满残酷和艰辛这一事实有所准备。"

一位著名的传记作家对奥本海默的一生作了如下评价："下列贡献中的任何一项都足以表明奥本海默是一位最杰出的科学家：他本人对物理学的研究成果；他作为一名教师产生的影响；他在洛斯阿拉莫斯（现在美国三大原子城之一，当时被称作Y基地）的领导作用；他主持下的普林斯顿高级研究院成为理论物理的先进中心……把所有这些汇成一体，奥本海默即成为我们时代伟大的科学领袖。"

奥本海默祖籍德国，他的祖父生活在德国哈瑙，是个犹太商人。他的祖父经商之道不怎么高明，与莎士比亚笔下《威尼斯商人》中的犹太商人夏洛克相去甚远，既不如夏洛克吝啬，也没夏洛克那么残忍。所以他祖父是个对经商漫不经心，却对科学感兴趣的怪老头。

第一次世界大战前，奥本海默小时候去德国哈瑙看望祖父时，祖父就送给他一些矿藏文化协会对朱利叶斯影响很大。

道德文化协会倡导"人必须对生活方向和命运负责"。朱利叶斯响应道德文化协会的主张，对社会有责任感，乐于助人。他和美丽的妻子埃拉还都是虔诚的基督教教徒。

奥本海默的母亲埃拉·奥本海默来自巴尔的摩，长得纤弱而小巧，具有艺术修养，对养花、绘画都很在行。

但埃拉的右手天生有残缺。对残缺的右手，埃拉想出一个绝妙的"好主意"，她总是戴一只手套。手套虽然把埃拉的残缺遮掩起来了，但她那颗异常敏感的心，却总担心她的手成为别人背地里的谈资。

她很可爱，但循规蹈矩，拘泥礼节。在埃拉面前谁也不能高声讲话，只有她丈夫才有这个权利。在埃拉面前，小孩子是不能喧哗的，如果谁敢大叫或公然以埃拉的手为话题，那就是犯下了"弥天大罪"，一场"暴风骤雨"就一定会降临。

埃拉的头脑里有无穷的想象，缥缈的想象常会给她带来无穷的乐趣。

奥本海默的小伙伴，他的弟弟弗兰克比他小8岁。他们相处得非常好，长大后他们一起到牧场去度假，一同到欧洲去旅行。

父母对奥本海默的爱护无以复加，但管束很严格。在严格的管束中，奥本海默渐渐地失去了到处玩耍的自由。

他只好待在家里，经常自言自语，把自己扮演成A、B两个人或更多的人，与这些虚幻中的孩子玩耍、交流，与他们一起研究未知的矿物，与他们一起读了很多科普书籍。

奥本海默的个性与艺术家相似，与商人不同。

美国心理学家研究了奥本海默他们这批被称作现代第一代物理学家这一非凡的群体。一半实验物理学家和所有的理论物理学家其中84%是自由职业者的儿子，大多是工程师、医生和教师的孩子，只有少数实验物理学家是农民的儿子。

物理学家几乎全是第一个出生的儿子。

64位"美国最著名的科学家"中的22位物理学家的综合形象是：

他可能是一个病弱的孩子，或早年就失去双亲中的一位。他有很高的智商，并在少年时就开始大量阅读。

他倾向于感到孤独和"特异"，而且腼腆并远离他的同学。他对女孩兴趣不大，直到大学时代才同她们有约会。

他结婚较晚……有两个孩子，并且在家庭生活中找到了安全感，他的婚姻比一般婚姻更为稳定。

直到大学3年级或4年级时他才决定以科学家作为他的职业。决定他的（几乎经常如此）是他有机会在一项大学计划中搞点独立的研究——为他自己发现一些事物。

一旦他发现了这种工作的乐趣就再也不改变了。他对自己所选择的职业感到完全满意……他在实验室中辛勤专心地工作，常常一星期干7天。

他说他的工作就是他的生活，他很少娱乐……电影使他厌烦。

他避免社会事务和政治活动，宗教在他的生活和思想中不占地位。比起任何其他兴趣或活动来，科学研究似乎更适合于他本性的内在需要。

奥本海默的个性大致与这个调查结果相符。

奥本海默的童年

奥本海默是一个孱弱的孩子，经常生病。再加上他母亲的第二个孩子，也就是奥本海默与弟弟弗兰克之间的一个小孩，不幸车祸夭亡，因此他母亲从不鼓励他到街上去玩。

奥本海默也几乎从不单独到街上去同小朋友乱跑。在纽约曼哈顿市区的第88街附近，滨河路的住宅里，他经常趴在窗前，有时俯视着哈得逊河，有时仰望空中翱翔的白鸽，神游在自我的自由王国里。

奥本海默记得他自己是"一个表现热忱的、讨人嫌的好男孩"。他说他的童年"并未使我对于世界是充满残酷和艰辛这一事实有所准备，它没有给我提供通常合适的道路成为一个坏蛋"。

他待在家里，摆弄着收集来的矿物，一架专业用的显微镜是他童年时的玩具。他用它观察矿石，观察动物标本，观察他想研究的一切东西。

他对矿物晶体非常感兴趣，经常拿一块晶体对着太阳照，让晶体上显现出奇妙的缤纷色彩，奥本海默就随着这斑斓的色彩展开了无休止的想象。

冬天太阳斜斜地照到屋里，他把晶体摆到阳光下，让晶体反射出的光芒照到顶棚，照到屋子的四壁。

他那金黄色的头发蓬松地卷曲着，宽厚的前额，被晶体反射得发亮，浓浓的眉毛下那双蓝色的大眼睛，晶莹得超过了屋中所有的晶体。

他的身材比同龄人略微瘦小些。虽然身小体弱，但并没有因此而使他安静下来。他的眼睛在寻找，他的耳朵在倾听，他的手一刻不停地在动。他机灵得像个精灵，可爱得像个天使。

他对世界充满着好奇，喜欢把他所知道的事物按着他的逻辑编成小故事、编成小话剧，在光芒四射的屋中写下他的童话世界，写下幼稚的诗章。他10岁时写的诗受到名家的赞赏，发表在纽约一家儿童刊物上。

奥本海默的学校是费利克斯·阿德勒道德文化协会所办的。上学是他最愉快的事，每当他离开家，他就像一只出笼的小鸟尽情地飞呀飞。

无论去到哪里，他的第一件大事就是寻找矿物。他决心要收集很多矿物，一定要超过祖父的矿物品，质量也要比祖父的好。他知道纽约有矿物学俱乐部，国家也有全国矿物学俱乐部，他决心要成为它们的会员。

小学三年级时他就小有名气了，他可以单独到实验室内搞实验。他能用稀硫酸和锌生成氢，喜欢研究爆炸物，爱听噼啪的响声，但更多还是分析他的矿物。

他在实验室里给不同形状的晶体配上不同的底座，然后再找出看上去最能引起人们幻想的面，把这个面作为晶体的正面，并在底座上写上他为这块晶体起的不同寻常的名字。晶体的名字大多来自希腊神话，有"潘多拉"、"普罗米修斯"、众神之王"宙斯"等。

原子弹爆炸后，有人说研究原子弹的科学家是"潘多拉"，原子弹是灾祸之匣。奥本海默却说我们要做普罗米修斯。

科学就像奥本海默的晶体一样，可以是潘多拉的灾祸之匣，也可以是普罗米修斯盗取的天火。

奥本海默把这些晶体放在学校的矿物室中。并把它装点得熠熠生辉。之前被冷落了好几年的展览室开始有了络绎不绝的参观者。奥本海默兴奋极了，他主动到展览室担任义务解说员。

奥本海默继承了他父亲的口才，能把知道的有关矿物的奥妙，滔滔不绝地讲给观众听，吸引了很多同学。同学们推崇他是小科学家，他的名气传到了校外，传到了纽约矿物学俱乐部。

他在四年级时就能写科学笔记，五年级时开始学物理，对化学的兴趣更加浓厚。后来他自己回忆说，他"从童年就搞起科学来了"。但这个时候的奥本海默仍然喜欢玩积木，在屋中地板上盖房子、建他自己的牧场。

奥本海默非常喜欢到长岛的海湾区那所度夏的房子去，因为那里有一块绿地。他和他的母亲可以尽情地在那块绿地上玩。

他是那块绿地的总督，他在那里建了3个实验场。一处是化学实验场，他可以把几种化学药品搅拌到一起，无论产生什么后果都不会有人提出抗议；另一处是专门处理矿石的，在这里他能将矿石做成他喜欢的各种各样的形状；第三处是他饲养小动物的，名叫"小动物收养所"。

每年夏天，他的小动物收养所都收养一些受了伤的或者迷了路的小动物。他为它们包扎伤口、上药、喂食，让这些小动物康复后再重新回到大自然中去。

有一年，他意外地捡到一只翅膀受伤的鸽子。这只鸽子全身洁白，没有一点杂色，身体扁长、精瘦，大大的眼睛仿佛能射出光芒来，一看就知道是一只优秀的信鸽。

他在一根木杆上精心地为鸽子造了个木房子，每天给鸽子送些食物和水。鸽子慢慢地能飞了，开始几天这只鸽子围绕着奥本海默飞，过了几天围绕着房子飞，又过了几天鸽子能在整个长岛上空飞翔了。

鸽子飞得越来越远，有时奥本海默都看不到它飞到哪里去了，要过两三个小时才会飞回来，奥本海默很替它担心，唯恐它再次受到伤害。

奥本海默希望这只鸽子不飞那么远，但当他看到鸽子飞得很高很远时，他又为鸽子高兴，叫着为鸽子加油。

一天早上，奥本海默起床后来到他的小动物收养所。这只鸽子飞落到他的肩上站了好一会，才飞向天空，在天空上盘旋，过了一会又落下来，就这样反复三四次。奥本海默感到有些蹊跷。

最后鸽子又飞回来了，落在他的手臂上啄了啄，咕咕叫了几声，猛然冲上天空，飞快地盘旋三圈，然后向西北方向飞去。信鸽回家了。

奥本海默望着远去的信鸽，心里有一种说不出的怅然。他懂得怎样不让信鸽飞走，但他尊重信鸽的选择。在他灵魂深处，他渴望一切生物都能自由地生存。

奥本海默不能忘怀这只鸽子。二次世界大战后他回忆说，这只鸽子很像毕加索为世界和平大会作的《和平鸽》宣传画上的那只。

由于奥本海默在矿物学方面崭露头角，美国自然博物馆晶体馆馆长收他做了学生。他有幸被全国矿物学俱乐部接纳为会员。12岁时，他给纽约矿物学俱乐部的成员演讲，引起轰动效应，与会的专家学者及一般听众先是大吃一惊，然后是感到高兴。有人把当时的奥本海默捧为矿物天才，把他比喻为一颗矿物学新星。这种美国式的大惊小怪并没有成为未来的现实，但未来的奥本海默使美国人感到骄傲这一点却被这些兴奋的人们言中了。

此时奥本海默的文字表达能力并不亚于他的科学研究能力。12岁时，他开始写小说，他在小说中创造了形形色色的人物，往往把强大的人描写成坏蛋，把弱小的人描写成好人。在他的笔下最难堪的是那些不诚实、没正义感的家伙。他着力讴歌的是科学领袖和正义卫士。他的小说富于哲理，他喜欢英国小说家埃利奥特和瓦尔特·司各特。

柯尼希营地

奥本海默14岁时，为了使他接触更广阔的生活空间，接触更多的朋友，他的父母让少年奥本海默去野营。

营地设在森林中一个不大的小山包上。远远望去有点近似印第安人营地，与美国著名小说家海明威的小说《印第安人营地》中描写的差不多，显得神秘莫测。营地四周地势高低不平，杂草丛生，蚊虫很多，还不时地从林木中冲出一只小动物，把营员们吓一大跳。

营地有一个漂亮的名字，叫柯尼希（此名为德文，意为国王）。柯尼希营地由一名营地主任和3名工作人员管理，每一期营员有80人左右。营员到这里，生活上都要自理。营地管理非常严格，井然有序。不能自理的营员也能得到适当的照顾。

孩子们一投入到大自然的怀抱，就感到无拘无束，好像天地之精华立刻注入他们的心灵，使他们变得更加聪明可爱，像森林中的小动物一样与大自然融为一体。

他们都去寻找自己喜欢的东西，有的喜欢营地的花草，有的喜欢营地小溪中的石子，有的喜欢营地森林中的小动物，而奥本海默仍然喜欢他的矿物。

奥本海默在营地的周围寻找着岩石。这里没有他想得到的晶体，只有一些坚硬的石头。他认真地研究每一块石头，想从中发现点什么：

在这里，他有了唯一的一个朋友，他和他的朋友一起谈论乔治·埃利奥特（英国小说家），埃利奥特关于原因和结果统治人间事务的信念给他以勇气。

他学会了做早餐。他也能洗一些内衣但显得笨手笨脚。但总的说来，他生活上有很多事情需要别人帮忙，连中午饭还需要到营地食堂里去买。

在这里，生活上不能自理就会有人看不起你。奥本海默在这些事情上做得很糟，加之他令人难以忍受的矜持和时不时流露出的优越感，更使人难以接纳他。

在营地很少有人主动找他，他与别人也很少交流，兴趣差异很大。一群大一点的男孩管他叫"美人儿"。晚间游戏，男孩们把他当成女孩捉弄他，在捉迷藏时他往往成为挨打的对象，但他不反击，默默地忍受着。他在给父母写的信中说"他参加野营很高兴，因为他正在了解到生活的现实"。

奥本海默意志很坚强，能够正视他所面临的困难，正视自己的弱点，有意识地在困难中锻炼自己。初次独自来到自然中，接近比较自然的人群，奥本海默好像进了迷宫。然而生活好像有意和他开玩笑，不该发生的事情发生了。

事情的经过是这样的：他们开心地玩到第13天时，营地主任突然把大家集合到一起，严斥了一些开下流玩笑的人，六七个叫奥本海默为"美人儿"的男孩受到营地主任的惩治。营地主任杀鸡儆猴的做法给奥本海默带来了灾难。那些叫奥本海默为"美人儿"的人追查出是他检举的。

当天晚上，时钟刚敲过12下，奥本海默就被拖下了床。漆黑的夜里不时从远处传来夜猫子的凄惨叫声，几堆磷火闪闪烁烁发着飘忽不定的青光，树上树叶稀里哗啦地乱响，令人毛骨悚然。

七八个人七手八脚地拖着奥本海默，把他拖到营地的冰窖里。在阴森的冰窖中一个恐怖的声音开始审问奥本海默。奥本海默反复申辩营地主任的批评是正确的，他反映的情况是对说下流话人的帮助，但这都没用，还是被剥光了衣服，痛打了一顿。

后来当奥本海默成为全美家喻户晓的人物时，为奥本海默写传记的一位作者纽尔·法尔·戴维斯采访了肇事的那几个人当中的一个，当事人说是"严刑拷打"，看来当时打得不轻。

奥本海默被毒打后，几个下流的孩子把他的生殖器和屁股染成了绿色，把他赤身裸体地关了一夜，直到第二天早上8点多钟才在地窖里被营员们发现。他的同伴说他从地窖里出来时，像从战场上败下阵来的印第安人。

他的父母很快地来到了柯尼希营地，对营地的管理人员及肇事的孩子毫无怨言，只是执意要把奥本海默带回家。奥本海默不肯，他说他第一次接触到这样的人，也只有野营才能接触到，决定继续参加野营，要多经受一些挫折，多磨炼自己。他认真执著地坚持到野营的最后一天，中间从未回过家。

后来，他的一个朋友（一个聪明的女孩）回忆说："他是一个小男孩……很孱弱，面颊很红，很腼腆，当然也很聪明。人们都承认他与众不同，并且是超群的。就学习而论他各科都好……除了他的身体状况。你不能准确说他手脚不灵活，他主要是发育较差，不在于他的举止，而是他的行动，他的走路方式、他坐着的方式都很特别。他身上总是有点奇怪的孩子气，他不怎么喜欢女孩。"

柯尼希营地风波是奥本海默走出家门受到的第一次挫折。中国古人说："天将降大任于斯人也，必先苦其心志，劳其筋骨，饿其体肤，空乏其身，行拂乱其所为，所以动心忍性，增益其所不能。"柯尼希营地生活也成了他人生的第一笔财富。

在柯尼希营地他付出了，但也收获了，他的身体开始有些健壮了，他对大自然产生了一种朝思暮想的迷恋。他设想将来有那么一个时期，在沙漠中建一个属于他自己的柯尼希营地。他当营地主任，组织他的营员到沙漠深处去游玩，晚上开联欢会。

1921年2月的一天，奥本海默从道德文化学校毕业了，这是他少年时代最快乐的一天。清晨他很早就起来了，洗完澡，换上校服，来到他父母的房间，邀请他的父母参加他今天的毕业典礼。父亲对他的毕业并没表现出特别的高兴，只是他母亲今天不比往常，好像已有所准备，说：

"我们的罗伯特今天真棒，帅极了。你今天不是要代表毕业生讲话吗？准备得怎么样了？"

奥本海默说：

"没问题。妈妈，你今天去吗？"

"那当然！"他的母亲说。

今天的天气真好。奥本海默在大家的欢呼声中走上讲台，开始了他的讲话。他讲得真是好极了。当他代表全体毕业生向母校告别时，校长都不禁流下了激动的泪水。

奥本海默的母亲今天也大出风头，被请上了主席台，有很多学生的家长向她请教教育儿子的秘诀。

这一天奥本海默终生难忘，这是他一生中最值得纪念的又一个第一次。他走出校门时回头深情地望了一眼母校。

同年4月，奥本海默做了阑尾炎手术。恢复后他和家人到欧洲去旅行，在欧洲期间，他单独去了约阿希姆斯塔尔。在那里奥本海默的乐趣是球类活动和徒步旅行。他穿着一条灯笼裤和一件提罗尔式的短夹克，组织了一次被他称为了不起的远足。

参加者都是一些旅行中的少年朋友。这是他第一次组织有15人参加的远征军。他的组织才干在这次远征中有所表现。他把这次远征叫柯尼希野营远征，这是他梦想当营地主任的一次预演。

从约阿希姆斯塔尔回到家人身边后，他们全家又去了很多好玩的地方。不幸的是，在旅行途中他患了严重的、几乎致命的战壕痢疾。他本来要在9月份进入哈佛，但到了9月，奥本海默还在欧洲治病。奥本海默回忆说："那时我卧病在床——实际上是在欧洲。"这场痢疾之后他祸不单行，又得了结肠炎。连续几个月的虚弱不堪使他在纽约的家中度过了整整一个冬天。

第二年，为了使奥本海默康复得快一些，身体更健壮一些，他的父亲没有让他到哈佛去读书。让他又作了一次旅行。

他的父母知道只有与柯尼希营地一样的大自然才能给予奥本海默以健康。他的父亲还安排了道德文化学校颇受欢迎的英语教师，一位热心助人的哈佛毕业生赫伯特·史密斯与他一起到西部去过夏天。

那年奥本海默18岁，有1.8米高但身架却极其瘦弱。他一生中的体重从未超过56.7千克，在生病或紧张时能瘦到52千克，虽然脸上仍带着孩子气，但一双引人注意的蓝色眼睛显得很坚定。

史密斯带着奥本海默来到他家的洛斯皮诺斯旅游牧场。这个牧场在圣菲东北的桑格雷·德·克里斯托山中。奥本海默在这里每天劈木头，学骑马，风里来雨里去，身体很快就健壮起来。

他说这里如柯尼希营地一样使他难忘。这年夏天的高潮是一次徒步旅行。从陡峭的印第安人刻画过的弗里霍莱斯峡谷的弗里霍莱斯镇开始，穿过从桑格雷·德·克里斯托来的大河，登上帕加里托的峡谷和高岗，直到高达3 048米以上的赫梅斯巨大火山口的大峡谷。

赫梅斯大火山口是一个碗状的大火山坑，19.32千米宽，在火山里面1 067米以下是一块长满绿草的盆地，熔岩挤压成的山峦形成几个深谷。它已存在100万年，是世界上最大的火山口之一。甚至在月球上都可以看到它。

从弗里霍莱斯峡谷往北6.44千米有一条平行的峡谷，叫洛斯阿拉莫斯。它是按照遮盖山沟的三角叶杨树的西班牙名字命名的。年轻的奥本海默1922年夏第一次来到这里，在这里跋涉盘桓了1个月零9天。

他与洛斯阿拉莫斯一见如故，好像是梦中见过的情人，他投入洛斯阿拉莫斯的怀抱，久久不愿离去。离开时他说洛斯阿拉莫斯是"我不能忘怀的情人"。

奥本海默像西部牛仔，与原野邂逅，与大自然拥抱。这一年大自然的陶冶以及柯尼希营地式的生活，是一次对他信心的医治。

知识海盗

美国马萨诸塞州波士顿西边坎布里奇的哈佛大学，校园内大部分建筑是17世纪建造的，环境幽静典雅。这间私立大学聚集着一批全美国最优秀的教师，它的毕业生遍及全球，在哲学、物理学、化学、医学、法律等专业中出了不少冒尖人才。还出了一批总统、部长和大企业集团的董事长、总经理，他们使自己的母校名扬天下，多次在世界大学排名榜上名列前茅。

奥本海默1922年秋进入哈佛大学化学系学习。这时的奥本海默已经不是一个神经质的孩子，但仍然是一个情绪不稳定的青年，过分的敏感一直困扰着他。他常常试图从敏感和无尽的幻想中摆脱出来，但他从母亲那继承来的这种天性却总与他相依相伴，挥之不去，令他懊恼不堪。

进入哈佛大学后每学期他经常选修6门计算学分的课，一般的学生只能按学校的要求选修5门。哈佛大学不同于其他学校，选修5门计算学分课的学生，成绩要想得A都很困难，一般都只能在B或B以下。但他时时处于一种对知识的饥渴状态，他在选修6门计算学分课的同时，还旁听了4门他喜欢的课程。

哈佛大学教学严格，要求标准高在全美出了名，各学科的前沿知识在哈佛的课程中都能系统地体现出来，这对于其他学子真有点不堪重负，而对于奥本海默来说，却能自由轻松地边学习边挑选，看自己适合学什么、做什么。这一方面是由于他习惯这种生活环境，另一方面是由于他具有超人的才智。

奥本海默在理性激情的后面也有痛苦。他说他不能像恩里科·费米或马克斯·波恩等欧洲人那样，从最早的时候就表现出坚定。奥本海默在哈佛大学也确实始终未能做到这一点。他在哈佛的学习中，总夹杂着狂热和不安。他在给赫伯特·史密斯的信中暗示了这一点，他写道：

"你很关切地问我做了些什么。除了在上星期那封讨厌的短信中所说的活动，我一直在苦干。写无数的论文、笔记、诗、小说以及废物；我到数学图书馆去读书，并到哲学图书馆一边读吾师（原意为德文）贝特兰·罗素，一边思念一位美丽而可爱的小姐。她正在写一篇关于斯宾诺莎（荷兰哲学家）的论文——这真是迷人的讽刺，你不认为如此吗？我在3个不同的实验室制造臭味，听阿拉德议论拉辛（法国剧作家），喝茶并同几个迷惘的人进行谈话。周末出去把低级的能量提炼成欢笑和疲惫，读希腊文，犯错误，在我的桌上找信件，并希望我已死去。为什么？我也不清楚。就是这样。"

在知识的海洋里，奥本海默像个海盗。只要是财富，他就掠夺。他的一个同班同学说："他在知识上抢掠了这个地方。"奥本海默也把自己假想成是一个来到罗马的哥特人（古日耳曼族的一支，在公元3—5世纪入侵罗马帝国）。他认为通过学习，所获取的知识是偷来的，而自己则是一个贼，一个掠夺者，一个不折不扣的抢掠知识的海盗。

1963年奥本海默说："直到现在，甚至在我几乎无限延长的青年时代，我都难得采取一次行动，难得做什么事而不引起我自己很大的反感或犯错误的感觉，无论是一篇物理论文，还是一次讲演，还是我如何读一本书，我如何同一个朋友谈话，我如何恋爱，莫不如此。"

1949年奥本海默曾十分不安地对杜鲁门总统说，他有一种手上沾着血的感觉。杜鲁门在这之后告诉艾奇逊："别再领那个家伙来……他不过是个造原子弹的，我才是让它爆炸的。"

且不说杜鲁门的话显得多么幼稚，单就奥本海默本人而言，他的这种做任何事都有犯错误的感觉是由来已久的。

在哈佛，他的朋友很少看到他这一面，其实在哈佛也如同他后来在1949年和1963年说的一样，无论做什么都有一种罪恶感。原子弹爆炸后给他造成的精神上的痛苦肯定可以一直追溯到他的大学时代。

他的这种思维方式还可以理解为对事情的求全，求尽善尽美，但又不全是这样，其中又包含了他总是在向更高层面的努力。他喜欢追求顶点，喜欢向极限挑战。这种思维方式用在自然科学中无疑是非常正确的，但用于思考一切问题上就难免有失偏颇。用中国人的话说，他是一个做完事就后悔的人，而且无论什么事。可笑的是他在学习上也是这样，他喜爱掠夺，但蔑视掠夺者。他自我憎恨，有"一种很大的反感和犯错误的感觉"。

当然，他这种感觉的深层上还有一种狂妄。他憎恨他所接触的知识没什么是他自己的。在这里他显得没什么创造性，他失去了在道德文化学校时神童的美誉，过去的光环都暗淡了。这使他难以接受，他对自己不能容忍。

他害怕平凡。他只能抓紧时间学习，学习又使他感到非常难堪，无地自容地认为自己是强盗，这无疑是自我作践。因为刚入大学的学子，就想把自己凌驾于世界著名的知识殿堂——哈佛大学之上，只能是精神失常的人才会想到的。

奥本海默在哈佛虽然主修化学，他要学4个学期的化学，还要学两个学期的法国文学，两学期的数学，一学期的哲学和3个学期的物理。这些还只是一些算学分的课。他的哲学和数学一直超前很多，课堂上学的只是他自学的重复。

有一次全校举行大型基础课会考，他的哲学、数学分数遥遥领先，有的学生对此很不理解，并将情况反映到了教学管理部门。其中的理由之一是奥本海默经常不来上这两门课，学生们怀疑奥本海默有作弊行为。这在哈佛校园里掀起了一场不小的风波。为了验证奥本海默的实际知识水准，校学术委员会组织了答辩会。结果在众目睽睽之下，奥本海默引经据典对答如流，征服了所有的听众。

奥本海默利用了一切可以利用的时间到图书馆自学，这个秘密在这次答辩后才被同学们发现。

他还自学了语文，像以前一样灵感一来便写诗和短篇小说。所以，他在大学的书信更像文人而不像是科学家写的。他一生都保持这种较高的写作能力。写作能力对他很有好处，首先他认为文学上的技巧能为自学知识打开道路。他说写作能力、阅读能力是提高自学能力的良好途径，而自学能提供创造力。同时，他也希望写作或多或少地使他个性化。

在哈佛，他阅读了新出版的《荒原》，这是英国诗人托马斯·艾略特的诗集。艾略特是现代派诗歌的创始人和现代派诗人领袖，长诗《荒原》是现代派诗歌的里程碑。《荒原》描写了第一次世界大战后欧洲的凄凉景象：没有生命，没有阳光，没有水，茫茫一片荒原。人们在绝望中挣扎，呼救，像在地狱里一样受煎熬。诗的内容引起了奥本海默的共鸣。二战后，奥本海默常借《荒原》中的诗句抒发对二战期间人类遭受的磨难，对法西斯、希特勒的暴行感到无限的悲愤和感慨。他非常同意艾略特对世界的看法，同意《荒原》中反映的世界苦难感。

奥本海默还开始从印度哲学中寻找严肃的安慰。他同新到哈佛任教的艾尔弗雷德·诺思·怀特海德一起钻研贝特兰·罗素和怀特海德合著的三卷本《数学原理》。这部著作是罗素的主要数学著作,倡导数学的逻辑性。此外只有另一个学生敢于参加这个研究班,几十年后这个学生对自己能参加这个研究班感到终生自豪。

在哈佛大学学习的关键时刻,著名的物理学家珀西·布里奇曼的物理课改变了他的研究方向,他转向布里奇曼门下。许多年以后布里奇曼获诺贝尔奖。奥本海默说,"这是一个你愿意当他的学徒的人。他学了不少物理,但却是无计划的。"

他开始找到构成化学基础的物理学,找到他人生新的坐标。他说:"我发现我在化学中所喜欢的东西非常接近于物理。假如你在读物理化学,显然你会碰到热力学和统计力学的概念,你将要了解它们……这是一件奇怪的事,我从来没有读过初等物理课。"

他的兴趣开始从化学转向物理。在此之前做一名化学家一直是他所希望的,在这以后他追随布里奇曼开始了他漫长的物理学研究。

有一次布里奇曼上课时涉及很复杂的一项数学运算,稍有失误,奥本海默马上站起来,拿起粉笔演算起来,步骤简练,运算精确,连布里奇曼都不由得发出由衷的赞叹。

周末，奥本海默偶尔驾驶着他父亲给他的8.23米长的单桅小帆船，或整晚同朋友徒步旅行。他的同学关系比在道德文化学校要好一些，朋友也比以前多。但他一般不愿在课外活动和在小组中抛头露面，也不同女孩约会。他还不够成熟，只限于远远地崇拜漂亮、丰满、比他稍大一点的女性。

他后来评论说："我虽然喜欢学习，同时学许多东西，但不愿让人发现。"他努力的结果是一份成绩绝大多数是A、只有几个B的毕业证书；而且他仅用了3年的时间便修完了大学本科4年的课程，并以极其优异的成绩毕业了。

毕业后，他常说哈佛是"我一生中最兴奋的时代。我确实有机会学习。我爱它。我几乎觉醒起来""我掠夺了哈佛"。哈佛大学像一位伟大的母亲，用她甘甜的乳汁哺育了他。哈佛为人类又培养了一个卓越的科学家，她又培养了一位值得她永远为之骄傲的学生。

走出迷惘

20世纪20—30年代是物理学研究的黄金时代，当时物理学研究的中心在欧洲。奥本海默读书时就想毕业后到欧洲学习深造。他毕业后，珀西·布里奇曼就以导师的身份把他介绍给当时欧洲的物理学研究权威机构剑桥大学的卡文迪许实验室。这个实验室原来由汤姆生领导。汤姆生是英国物理学家，因在气体放电的理论和实验研究上作出了贡献而于1906年获诺贝尔物理学奖。

1919年欧内斯特·卢瑟福接替了年迈的汤姆生。卢瑟福生于新西兰，但长期在英国工作。1899年发现放射性辐射中的两种成分，并由他命名为 α 射线和 β 射线。1908年获诺贝尔奖。1911年根据 α 粒子的散射实验（卢瑟福实验）最初发现了原子核的存在。原子核位于原子中心，是原子子的1/20 000，就像一座发电厂，放射性能量就是从那里释放出来的。1919年他用α粒子轰击氮原子而获得氧的同位素，第一次实现了元素的人工嬗变。这意味着人类懂得了原子核改变质子数目时有一种能量释放出来，这种能量是原子核外部电子运动释放能量的几百万倍。人类揭开了核物理面纱的一角，从矿物质中分离原子弹爆炸原料的理论开始形成。

奥本海默后来告诉一位历史学家说："但卢瑟福没有要我，他不怎么重视布里奇曼……我甚至不知道我为什么离开了哈佛，但我多少觉得'剑桥'更接近于中心。"

布里奇曼的推荐书用意良好，但在去卢瑟福处却没帮上什么忙，原因是推荐书写得太实在了。这位哈佛的物理学家写道，奥本海默具有"十分惊人的领悟能力"，而且"他研究问题表现出在处理上高度的创造性，具有很强的正在从事的工作的结果，但他们倾向于认为核爆炸是不可能的"。

从珀西·布里奇曼开始，已有3位世界一流水准的名师做他的老师。他们是名副其实的名师高徒。

奥本海默进入卡文迪许实验室后，被主任卢瑟福分配做实验中的辅助工作，辛苦地制造实验用的铍的薄膜。

他在卡文迪许一个巨大的地下室（被称作车库）的一角工作，汤姆生在另一角工作。这项工作他觉得单调重复，似乎永远也搞不完。此外，他有时也去听课，但对课程内容也非常讨厌。唯一令他感兴趣的是汤姆生和卢瑟福在实验室内对量子的讨论。

第一次世界大战后，关于量子论的工作刚刚开展起来，它强烈地吸引了奥本海默。他有一种与量子相见恨晚的感觉，内心很着急，有些急于求成，想通过卡文迪许实验室一下子冲到量子物理的最前沿。但现实与理想的巨大反差使他终日躁动不安。

卢瑟福的理论是继爱因斯坦之后的又一个科学巅峰，需要证明的实验内容很多。因此卡文迪许实验室非常兴旺。斯诺1934年发表的第一部小说《探索》描述了这个时期的卡文迪许，他写道：

"我不会轻易忘记在卡文迪许那些星期三的会议。对我来说它们是在科学中所有激奋情绪的精华，它们是浪漫的，如果你愿意这样理解，而且不处于最高经验的水平上，我很快就知道了这种'科学发现'的经验。但一周接着一周我在阴冷的夜间离开会场，东风从古老街道尽头的沼泽地呼啸而来，夜晚充满了一种光辉，表明我曾看见和听到并感到接近了世界最伟大运动的领袖们。"

卡文迪许实验室的兴旺实际上是实验的兴旺。奥本海默却因此而吃尽了苦头，主要因为他不擅长做实验。他11月1日写给在牛津的弗朗西斯·弗格森的信中说："我的日子过得相当坏。实验室工作非常令人讨厌，而且我对实验很不行，我无法感到我是在学习什么东西……上课也令人讨厌。"但他也认为"这里的学术水准会一下子挖走哈佛的人"。3年后当他取得突破后，他把这个时期描绘为"一个小男孩因为遭到冷落而不能开心地玩，产生了强烈的伤心感"。

卡文迪许理论上满足不了奥本海默，实验上他又很笨拙，他几乎成了多余的人。他在12月写给史密斯的信中说，他事实上"接近于杀死自己，这是慢性的"。过圣诞节时他在巴黎见到弗格森，两人在一起谈了很多。奥本海默叙述自己在爱情冒险中的挫折时还比较平静，当弗格森同他谈起他的信，提起实验室的工作时，奥本海默扑向弗格森，一把扼住他的脖子说："我宁可掐死你，也不能让你提卡文迪许实验室。"弗格森生气地将他推到一边，两人不欢而散。

事后奥本海默又很后悔，在信中解释说："我在实验室，连把两根铜线焊到一起的能力都没有，但内心又追求卓越，这怎能不使我发狂。我担心我控制不住自己，真有一天会疯狂起来。"

当这种日益深重的心理危机困扰着奥本海默时，他就拼命地工作，使自己疲劳。他的一个朋友说他"从事大量的工作、思索、阅读、讨论问题，但显然怀有巨大的内心不安和惊恐"。用他自己的说法是做了很多没有意义的事，这使他又陷入更深一层的心理危机。然而，天无绝人之路，尼尔斯·玻尔的出现使他很快就振作起来。

玻尔是丹麦物理学家。于1913年在普朗克量子假说和卢瑟福原子行星模型的基础上，提出了氢原子结构和氢光谱的初步理论。稍后，又提出了"对应原理"。对量子论和量子力学地建立起了重要作用。在原子核反应理论和解释重核裂变现象等方面，也有重要贡献。1922年获诺贝尔物理学奖。

卢瑟福把奥本海默介绍给玻尔。玻尔问他搞什么，他告诉了玻尔。

玻尔说："进行得怎样？"

奥本海默说："遇到了困难。"

玻尔又问："困难是数学的还是物理的？"

他说:"我也不知道"。

玻尔说:"那太糟了"。

玻尔像长辈一样,给奥本海默一种亲切感。玻尔让他考虑一下是不是换换研究方向。奥本海默回忆说:"那时我忘记了铍和薄膜,并决定试一下理论物理学家这一行业"。玻尔是奥本海默研究道路上的第四位获诺贝尔奖的老师。在玻尔的教诲下,他打起精神又准备重整旗鼓了。

他先去找了一位剑桥的精神病医生给他看病。他父母得知后,就像多年以前在柯尼希营地一样,他们及时赶来了,陪着他一起看了一位有名的精神病专家。经过几次诊断,发现奥本海默患了精神分裂症。病理现象是过早成熟,思维过程不完善,行为古怪,倾向于生活在一个自我内心世界里,不能保持正常的人际关系,并且极难断定能否治愈。他父母对医生的诊断深感不安。在医生的建议下,他的父母积极督促他离开卡文迪许到大自然中去。

1926年春,奥本海默去科西嘉岛旅游了10多天。从科西嘉岛回来,奥本海默仿佛一下子长大了,成熟了很多,古怪的孩子气也没有了。看到他的变化,有人询问他在科西嘉岛发生了什么事,奥本海默一直守口如瓶,只说是爱,但不是爱情,是爱改变了他。

直到晚年他也没有将这段经历说得很清楚，但无论在科西嘉岛发生了什么，奥本海默和玻尔长谈后终于从彷徨中走了出来，在剑桥找到了适合自己发展的专业，事实上从这时起他就确定了他在物理学中的位置，减少了盲目性。

秋天，他接受了玻尔的建议，到德国中部下萨克森的中世纪古城哥廷根去学习。那里有英国乔治二世建立的乔治·奥古斯塔大学。比玻尔大3岁的马克斯·玻恩是这所大学的物理系主任。玻恩1921年任德国哥廷根大学教授，1954年获得诺贝尔物理学奖。玻恩是奥本海默第五位获得诺贝尔奖的恩师。

物理系在洛克菲勒的资助下新建造起来位于本生大街的学院大楼内。尤金·威格纳同玻恩在一起工作，他后来成为美国研制原子弹的积极鼓吹者。诺贝尔奖获得者维尔纳·海森堡和沃尔夫特·泡利以及意大利的恩里科·费米（后来世界第一个原子能反应堆的建造者）都来过这里。在哥廷根乔治·奥古斯塔大学还聚集着当时物理学界3位天赋最高的后起之秀：马克斯·玻恩、戴维·希尔贝特和詹姆斯·弗兰克。这3位新星在物理学界极富吸引力，各国的物理学家络绎不绝地来到哥廷根，其中许多人想求学于物理学界3颗最明亮的新星门下。

奥本海默来到哥廷根后在写给英国剑桥一位朋友的信中说："我想，你会喜欢哥廷根的……这里的科学研究比剑桥好得多，总的来看，可能是最好的。他们工作非常努力，既坚定不移，富于幻想，又有壁纸生产者所具有的那种求实精神。结果，这里所做的工作表面来看似乎毫无价值，实际上成绩斐然。"

他们与在哥本哈根的尼尔斯·玻尔以及哥本哈根学派是名副其实的物理学界少壮派。他们的研究偏重于理论物理，所以从表面上看并不像卡文迪许那样每天都有很多实在的工作，这里的工作大部分是分析和运算。

奥本海默到这里要比在卡文迪许适合多了，人也精神起来。空闲时他经常到15世纪的"黑熊酒店"喝鲜啤酒，在容克厅品尝松脆美味的维也纳肉排。

在哥廷根市政大厅前面的广场上有一座喷泉，喷泉中间有一个站在青铜花架内大小与真人相仿的美丽的青铜女郎。奥本海默与同学们约定，在哥廷根谁获得博士学位，谁就要跳过泉水池去吻那个青铜女郎的嘴唇。这是一次真正的洗礼，然后到容克厅去大吃一顿，庆祝一番。

奥本海默在哥廷根有声有色的学习生活中取得了惊人的进步。剑桥哲学学会同意发表他的两篇论文《论转震光带的量子理论》和《论二体问题的量子理论》，这为他理论物理研究开辟了道路，他的博士学位论文是《论连续光谱的量子理论》，用德文发表在权威性的《物理杂志》上。他与他的导师玻恩一起建立起了分子量子理论。包括学位论文在内，奥本海默自1926年到1929年共发表了16篇论文。这16篇论文使他成为具有国际声誉的青年理论物理学家。

　　1929年，奥本海默回到美国。他回家时已经是一个充满自信的人了。他的母校哈佛大学给他提供工作，新成立的加州理工学院也为他提供工作，而他对伯克利的加州大学特别感兴趣，于是决定同时去伯克利加州大学和加州理工学院执教。

　　在伯克利他不仅个人成了著名的理论物理学家，而且以非凡的授课艺术激发起一大批青年学子对理论物理的热情，成为美国理论物理学派的创建者和学科领袖。正是这一切奠定了他成为美国原子弹研制领导人的基础。

勾画原子弹的设计蓝图

　　1929年夏，奥本海默开着一辆破旧的灰色克莱斯勒牌轿车来到伯克利，他被安顿在教职员俱乐部，和欧内斯特·奥兰多·劳伦斯做邻居。劳伦斯1928年来到伯克利，比奥本海默大3岁。他是建议美国使用大机器的物理学家，也是美国复合型人才中的精英。奥本海默发现劳伦斯有"难以置信的活力和对生活的喜爱"，"整天工作，跑去打网球，再工作到半夜。他的兴趣主要是活动和摆弄仪器。而我的兴趣正好相反"。空闲时，他们一起骑马去长途旅游，一起到加州自然公园和死亡谷去玩。劳伦斯非常喜欢奥本海默家的桑格雷雷·德·克里斯托牧场，而从牧场远足到洛斯阿拉莫斯峡谷是他们最兴奋的事。

　　1930年，在奥本海默到伯克利一年后，劳伦斯发明了回旋加速器，并因此荣获1939年诺贝尔物理奖。

奥本海默与劳伦斯的性格与爱好差别很大。按照劳伦斯的一位学生，后来的诺贝尔奖获得者路易·W·阿尔瓦雷茨的说法，"劳伦斯几乎对数学思维怀有反感，他是一个孩子气的性格外向的人，他最强的惊叹语是'心爱的'和'啊，废话"。而奥本海默精通数学，爱好广泛，哲学、文学的造诣都很深，善于独立思考问题，这些与劳伦斯几乎都是相反的。但有一点他们是共同的，就是追求成功，希望卓越，鄙视平庸。在这一点上，他们又是互补的，在共同追求成功的道路上，能互相弥补对方的不足。更妙的是，在互补的同时，又不互相侵入对方的领地，这使他们的关系更加和谐。在二战初期，原子物理学家大致可分成乐观派和悲观派。乐观派尽管担心德国科学家们正在从事的工作的结果，但他们倾向于认为核爆炸是不可能的。

在英国伯明翰大学工作的奥地利物理学家奥托·弗里施是个乐观派，但他在工作中吃惊地发现只需要一两磅（1磅=0.4536千克）^{235}铀而不是数吨就会发生爆炸。他的合作者派厄尔斯写道："其爆炸威力相当于数万吨普通炸药。令我们感到十分震惊的是，原子弹至少在原则上是可以制造出来的！作为一种武器，由于其破坏力如此巨大，因此从军事上讲，很值得建立一个分离同位素的工厂。我们留有余地地扪心自问：即使这个工厂的造价相当于一艘战舰，那也非常值得"。

英国为了论证派厄尔斯和弗里施提出的方案，于1940年，英国皇家学院组织了一个名为"莫德"的原子研究委员会。委员会论证的结果是，1943年可以制造出首枚核炸弹的材料，这引起了英当局的高度重视，英国政府迅速成立了代号为"管合金局"的科研机构。

1939年两位迁居美国的科学家利奥·西拉德和尤金·威格纳，积极建议美国对原子弹的可行性作某种试验性研究。为了让最高当局了解他们对拥有原子弹的危险性的看法，并拨出研究经费，西拉德和威格纳以他们的老朋友爱因斯坦的名义，给总统罗斯福写了一封信。西拉德带着草拟的信前往长岛的佩科尼克，找当时在那里避暑的爱因斯坦签字，西拉德的朋友亚历山大·萨克斯将信交给了罗斯福。

这封信陈述了原子科学家们担心的问题，直接促成了美国建立物理学家同政府之间的联络机构"铀研究顾问委员会"。

爱因斯坦给罗斯福的信译文如下：

总统阁下：

我读到了费米和西拉德近来的研究手稿。这使我预计到，元素铀在不远的将来，将成为一种新的、重要的能源。考虑到这一形势，人们应当提高警惕。必要时，还要求政府方面迅速采取行动。因此，我的义务是提请您注意下列事实：在不远的将来，有可能制造出一种威力极大的新型炸弹。

为此，我建议，请授权一位您所信任的人士，使他可以非正式地和各政府机关联络，经常向他们报告全部研究情况，并向他们提供建议，特别是要努力保证美国的铀矿石供应。同时，和有关人士及企业界实验室建立联系，来促使实验工作加速进行。

据我所知，目前德国已停止出售它侵占的捷克铀矿的矿石。如果注意到德国外交部次长的儿子在柏林威廉皇帝研究所工作，该所目前正在进行和美国相同的铀的研究，就不难理解德国何以有此举了。

阿·爱因斯坦（签名）

卡内基研究所所长万尼瓦尔·布什，是一位同罗斯福总统关系密切的人。1940年6月在布什的劝说下罗斯福总统成立了"国防研究委员会"，"铀研究顾问委员会"被并入该委员会。委员会的代号为S—11。罗斯福指定布什领导该委员会，化学家詹姆斯·布赖恩特·科南特任爆破器材部部长。委员会有权论证原子弹是否可以造出来，但生产原子弹的决定需要总统批准。

欧内斯特·奥兰多·劳伦斯是制造原子弹的赞成派，他的意见受到了科南特和布什的重视。1941年10月9日，布什见到了罗斯福和亨利·华莱士副总统，介绍了劳伦斯的研究成果，同时也介绍了英国"莫德"委员会作出的结论，说明造一枚原子弹需要多少铀，建造一座生产的工厂要花多少钱以及需多长时间能造出原子弹。

罗斯福决定研制这种新武器，并要求布什对此严格保密。1941年12月6日，铀计划的领导人万尼瓦尔·布什宣布要全力以赴来加速原子弹研究。他接着给各方面的领导人物分派了种种不同的职责，并委任芝加哥大学的阿瑟·哈·康普顿教授主管链式反应的基础物理研究工作。

12月末，欧洲的战争扩大为又一次世界大战，美国人想到了与英国人合作生产原子弹。英国人当时已经发明了雷达和喷气发动机，他们在铀裂变研究上也处于遥遥领先的地位。1942年6月丘吉尔在纽约海德公园与罗斯福会晤，讨论了"管合金"问题，达成了一切情报共用，一切工作共做，一切成果共享的协议。

英国最初的核研究进展速度很快，但到后来由于德军狂轰滥炸英伦三岛，核研究无法正常开展，地理和资源条件使得美国一下子成了研究原子弹的主角。

在这种情况下，到1943年8月，英国首相丘吉尔与美国总统罗斯福签订了《魁北克协议》，确定双方在原子弹研制领域实施全面合作，英国派著名科学家参与美国研制原子弹的"曼哈顿工程"，并将英国核研究机构移至加拿大。

奥本海默首次接触原子弹研制计划是1941年，当时他的好友欧内斯特·奥兰多·劳伦斯是研制原子弹的骨干。但他是一个实验物理学家，急需理论上的支持。奥本海默到伯克利后，曾帮助劳伦斯从理论上对回旋加速器和电磁方法分离同位素进行了分析。

几十年后劳伦斯回忆说："我请奥比（朋友们都这么叫奥本海默）来看示波器，当时我们看到那种特大的跳动时，我想大约15分钟左右，奥比就确认这确实是一次真正的效应……他还确定在反应中有些中子可能会放射出来，从而可以制造炸弹，产生动力。这一切都只是在几分钟内说出来的……他脑筋动得这么快，真是令人吃惊，而且他的结论是正确的。"

加速器是研究核物理的极为重要的工具。劳伦斯在第一台回旋加速器的基础上，在20世纪30年代初成功试制了静电加速器、直线加速器。但早期的加速器电极短，能量小，应用受到很大限制。奥本海默提醒劳伦斯，要进入实用阶段必须加大功率。奥本海默为劳伦斯解决了所有的数学难题，设计了数学模型。在美国政府的支持下，劳伦斯成功研制了新型回旋加速器。这台加速器是当时美国最大的机械，一块磁铁就重达60多吨。

大功率回旋加速器能发现许多新型核反应，观察到几百种前所未见的同位素，为核炸弹设计制作发挥了巨大作用。

1941年10月21日，国防研究委员会会议在斯克内克塔迪召开。劳伦斯请奥本海默来参加，他说："我非常相信奥比，我很想听取他对我们讨论的意见。"

奥本海默这时已和凯瑟琳·普恩宁（昵称"基蒂"）结了婚，并有一个半岁的儿子。以前他依靠父亲每年给他的10 000美元信托基金（父母为子女的存款）的收入可以过得很好。

现在不同了，他希望多找份工作，希望接受任务。奥本海默说："很多我认识的人都去参加雷达和其他军事方面的研究工作"，"我不是对他们不羡慕"。

当时在科学界已形成一种风气，科学家在战争中投入军事方面的研究是爱国行为。这种风气对奥本海默如同他自己说的还是有影响的。

在这次会议上,奥本海默提出了制造原子弹所需要铀的数量的计算结果,实际已经勾画出原子弹设计的蓝图。

在这之前,有些科学家认为制造一颗原子弹需要核料1—3吨,这么大个的核炸弹是无法制造出来的。还有一种说法是核炸弹一旦制成,爆炸后,就会引起大气中的氮和海洋里的氢爆炸,引起大气内的核聚变,那时地球将变成太阳系中的第二个太阳,人类将彻底消失在核爆炸的一瞬间。

奥本海默认为这不可能,因为不管爆炸后产生多么高的高温,损失的能量将比产生的能量高出一个相当的倍数,受损后的爆炸能量,点燃不了大气和海洋。

核爆炸只需一两磅(1磅=0.4536千克)^{235}铀浓缩,也就是说爆炸的临界点不是几吨而是几磅。只要能生产出几磅,将它们放到一起,由于极不稳定,放射出的中子冲不出铀的质量范围,就会发生链式反应,产生爆炸。由于奥本海默的设计思想基本成熟,委员会聘请奥本海默参加原子弹研制工作,任命为原子弹机理理论研究小组负责人。

1941年,万尼瓦尔·布什把国家科学院第三篇关于制造原子弹的报告送交了总统。罗斯福两个月后把它退还给布什,还附了罗斯福总统批准制造原子弹的文件。这是现存的唯一的总统关于加速研制原子弹重大决定的文件档案，就是这张纸改变了这个世界。

1942年夏，奥本海默在伯克利集合了一小批他戏称为"名流"的理论物理学家。他们经常在奥本海默的办公室里聚会，任务是协助具体设计原子弹。

这些理论家们被核炸弹迷住了。他们计算出多种裂变弹设计方案，并论证了核聚变，论证了热核反应。

对他们来说，制造裂变弹已经不成问题了，从生产 ^{235}铀到制造原子弹的工艺，以及爆炸后产生的能量，都得到精确的计算，科学家们认为现在的问题不是裂变弹，而是还有一种比裂变弹威力更大的聚变弹，就是热核反应，他们提出了D+D（氘+氘）和D+T（氘+氚）两种方案，认为这才是真正的"超级"。这就是后来的氢弹。奥本海默一直反对制造氢弹，他抱怨说："这东西是底比斯城的祸患。"

在奥本海默领导下，美国氢弹的研究一直与裂变弹研究同步，但是原子弹爆炸后氢弹的研究就停步了。直到后来在特勒的领导下，1952年11月1日，在艾森豪威尔当选总统的前3天，美国在马绍尔群岛的埃尼威托克岛上试验了名叫"迈克"的第一个热核装置。它的当量是1 040万吨

TNT，比投到广岛的原子弹的当量大1 000倍。这是美苏军备竞赛的产物。

Y基地

1942年，38岁的奥本海默进入了人生的辉煌时期。他像一只大白鲨在知识的海洋里劈涛斩浪自由穿行。他除了要钻研核物理的链式反应外，还要研究爆炸，同时还要涉足他所不熟悉的冲击波、水力学等领域。他极喜欢这种挑战，他把他的全部精力都投入到了原子弹研制之中。

詹姆斯·布赖恩·科南特说奥本海默在伯克利夏季研讨会上，进行了"浩如烟海的科研工作"，"快中子工作的计划"在他的脑袋中已经比较完善地形成。

科南特说："快中子工作尚无一个家，它可能需要一个。"这个"家"就是设计和装配原子弹的地点。奥本海默认为这个"家"可能在辛辛那提，也可能在田纳西与生产钚的反应堆在一起。

奥本海默热爱理论物理，热爱大自然，尤其是沙漠更令他梦萦魂牵，他生命中的一次次危机是大自然、是沙漠把天地之精华赋予他的，使他获得了一次次新生。他热爱沙漠，他寻找的是将自己的理论物理与沙漠融为一体的一个"家"。

1942年夏，美国给他的原子弹研制计划起了两个可供选择的代号，一个叫DSM，是"开发代用材料"的缩写；另一个叫MED，是"曼哈顿工程区"的缩写，最后确定的代号是"曼哈顿工程"。该计划的管理工作也从科学家手中转到了军事政策委员会。

即将担任罗斯福首席科学顾问的万尼瓦尔·布什任委员会主席，詹姆斯·布赖恩特·科南特任他的副手。该委员会中有3名军方代表，即来自陆军的威廉·斯泰尔将军，来自海军的威廉·珀内尔将军，以及来自陆军工程兵的莱斯利·理查德·格罗夫斯将军。

1942年9月，毕业于西点军校的46岁的格罗夫斯准将被任命为主管该工作的主任。工程兵出身的格罗夫斯对核物理知之甚少，迫切需要一位科学家来担任他的技术顾问。他选中了奥本海默。

伯克利夏季研讨会后，奥本海默在理论物理界以理论家闻名并受到尊敬，不过截至伯克利夏季研讨会为止，与他齐名的科学家很少有人认为他具有果断的领导才能。他们后来回忆说，那时"奥比很高、神经质、专心致志，走起路来步子很奇特，像小跑，四肢大幅度地摆动，脑袋总是稍稍偏向一边，一只肩比另一只肩高。不过主要是脑袋最引人注目：一头蓬松细卷的头发，挺而尖的鼻子，特别是眼睛，蓝得惊人，又深邃又逼视，但又表现出一种能解除人戒备的诚挚。他看起来像年轻时代的爱因斯坦，但同时又像一个过于长高了的唱诗童"。

他那不改的癖性，连续不停地抽烟，持续的咳嗽，破败的牙齿，通常是饥肠辘辘却又遭受他崇拜的马丁尼酒和辛辣食物攻击的肚子，一双修长的大脚，不太整齐的衣冠。特别是他那幽默辛辣的语言像一层帷幕似的，在他的同事面前掩盖了他从他父亲那继承来的管理才能。

奥本海默与格罗夫斯在气质上有天壤之别。格罗夫斯思维缜密，做事一丝不苟，而奥本海默则多才多艺，思维活跃，对诗歌、哲学和心理学的兴趣丝毫不亚于物理学。

不仅如此，"曼哈顿工程"聚集了当时世界上一大批最著名的科学家，其中许多人是诺贝尔奖获得者，而且科学家们都认定原子弹的研制应由一位诺贝尔奖获得者来主持。奥本海默虽然建树颇丰，但并不具有如此知名度。连格罗夫斯也承认，奥本海默从事的工作"一直是纯理论性的，这些工作最多能使他对原子弹的威力作出理论上的估计，而对于如何将原子弹设计得可以引爆等实际工程问题，他过去从来未处理过"。但格罗夫斯最后还是选中了奥本海默。他解释说："显然我们找不到更合适的人。"

奥本海默继承了父亲在新墨西哥州、格兰德河谷的桑格雷·德·克里斯托牧场，并把它出租给一位牧民。他每年能从牧场收回一笔不小的租金，所以他把牧场戏称为"热狗"。

这片牧场是他热爱的地方，这里有他向往的沙漠。小时候他和弟弟弗兰克、朋友史密斯经常到这里度假。他熟悉这里的山山水水。他不止一次地在这里远足，最长时间的一次是1922年夏天，他和史密斯在这里徒步旅行了一个多月。他对这里了如指掌。他知道牧场中的洛斯阿拉莫斯峡谷有一块人迹罕至的台地。那里有一所很小的牧场学校，坐落在吉美兹山冈的斜坡上。一条狭隘的山路把学校连通到从陶斯到圣菲的公路上。

"曼哈顿工程"规模庞大，有16个分工程同时进行。其中关键工程有4个：一是恩里科·费米和他的美国同事在芝加哥大学建造的世界上第一座铀—石墨反应堆。二是X

基地，位于田纳西州橡树岭的"克林顿工程局"，其任务是从天然铀中分离出极易裂变的^{235}铀。三是W基地，费米设计，杜邦公司建造的，在华盛顿州哥伦比亚河上的汉福德工厂。那里建立了生产钚的大型反应堆，将负责生产^{239}钚。四是Y基地，就是奥本海默搜寻中的那个设计和装配原子弹的地点，科南特说的"快中子工作的"那个"家"。

奥本海默向格罗夫斯将军建议，把他心目中的那个"家"建在与世隔绝的位于吉美兹山冈上的那个学校周围。这块靠近洛斯阿拉莫斯峡谷的台地，无疑是个僻静的地方。在施工阶段，学校的校舍可供最早到来的科学家之用。

圣菲北面的格兰德河谷是一片宽阔的盆地。在远古时期，它曾经是一个湖泊。在东部，它被绵延起伏的桑格雷·德·克里斯托山脉所封锁，在西部和西北部则被吉美兹山冈的绿色圆丘所封锁。盆地的底部炎热而荒凉的大片荒漠，只有仙人掌以及寥寥无几的矮松点缀其中。奥本海默曾感叹："我酷爱理论物理和茫茫的沙漠，可惜二者无法兼得。"而在这里，他拥有了二者。奥本海默和格罗夫斯将军察看了牧场子弟学校。学校的校长惊讶地望着很奇怪地搭配起来的这两个人。一位是眯缝着眼睛的瘦弱的知识分子，一位是大腹便便的军官。更让他惊讶的是，他们提出"学校必须关闭，陆军准备买下它，用于保密工作"。

"曼哈顿工程"于1942年11月买下了这所学校。格罗夫斯将军力排众议，任命奥本海默为洛斯阿拉莫斯实验室主任。奥本海默于1943年3月15日一个清新的早春天气，偕同一批助手转移到圣菲，4周后他们的家属乘坐汽车和火车也到达那里。他们一起搬进了牧场子弟学校。

"曼哈顿工程"总部建在田纳西州，占地202平方千米。总部获得了比利时矿业联盟在非洲刚果开采的1140吨铀矿，全部库存于纽约。如果没有这批矿石，原子弹是无法制造出来的。

奥本海默每天都要与在总部的格罗夫斯将军通话，研究洛斯阿拉莫斯实验室的建设，汇报他们的研究、实验进展情况。格罗夫斯将军穿梭于万尼瓦尔·布什与总部之间，"曼哈顿工程"不断增加预算，到工程结束时投入的总经费达20亿美元（相当于今天的币值260亿美元），巅峰时期曾聘用539 000人。有20万人在37个秘密工厂和实验室内从事研制工作。英国原子研究计划的物理学家，根据英美《魁北克协议》参与了"曼哈顿计划"，流亡美国的意大利、德国、匈牙利的科学家也与美国科学家共同在"曼哈顿工程"中工作。某些部门有博士头衔的人比普通职员还多，其中不乏诺贝尔奖获得者。洛斯阿拉莫斯被戏称是诺贝尔奖获得者的集中营。

在Y基地，奥本海默成了一个了不起的指挥员，成了洛斯阿拉莫斯的真正灵魂。他把迎接来Y基地工作的科学家；研究、实验、制造原子弹；建设Y基地实验室这三项工作安排得井井有条。唯一美中不足的是他在预言Y基地的大小上，没做得那么好。

1943年1月，工程兵特遣队开始施工。他们按照奥本海默的要求，建造了供30名科学家及家属住的住房，然后依照奥本海默的指示建实验室。实验室刚建完，又来了很多科学家，只好又建住房，再建实验室。科学家不断增多，奥本海默的要求也不断增多。一年后，在这块高地上建起了一座城市。这是奥本海默始料不及的。

新的家庭源源不绝地涌向台地，楼房建筑"疯狂"地增多，但还总是供不应求。二战结束时，首次公布的统计数字表明洛斯阿拉莫斯的人口是6 000人。在它诞生的10年之后，人口增加到12 000名，并且住房短缺。它现在是美国三大原子城之一。

从美国和英国各地来的科学家们，一来到这座城市，就立即从世界上消失了，因为这座城市在地图上根本就不存在。这里的居民不能参加选举，与外界完全隔绝。这座城市对生活在那里的人是洛斯阿拉莫斯，对极少数知道它的存在的人是Y基地，对在这里的居民和友人则是1 663号邮政信箱。

1945年8月6日，即美国用原子弹轰炸日本广岛的那一天。圣菲的《新墨西哥人》报道了这个台地。该报写道："在那个不知名的地方有一个社会。在这个社会中，人们在不知名的地方结婚，婴儿在不知名的地方出世，人们在不为人知的情况下死去，汽车、卡车也在不为人知的情况下撞坏。"在这个特殊的独立王国中，它的总督是奥本海默，他在这里把他的聪明才智发挥得淋漓尽致。

奥本海默童年在长岛的绿地上建立了自己的实验场，那是象征科学、人道与暴力的三位一体。几十年后在洛斯阿拉莫斯他建起了Y基地，有趣的是后来在新墨西哥州南部的阿拉莫戈多试爆第一颗原子弹的那个地方，奥本海默称它为三位一体。"三一试验场"，是不是和他儿时的实验场有关，这就不得而知了。只有奥本海默自己明白，或许连他也不明白。

《洛斯阿拉莫斯入门》与保密

1943年4月，当路边的蒲公英刚刚开出小黄花的时候，奥本海默带着第一批科学家来到洛斯阿拉莫斯。初春的洛斯阿拉莫斯很冷，灰色的云不时遮住太阳，北风掠过高出河谷的台地，沙子打在人的脸上，像要钻进肉里的针刺一样痛。

这批科学家有30多人，其中多半是伯克利夏季研究会的成员，另一部分是奥本海默通过各种关系，千方百计从各地请来的著名科学家。如世界著名的物理学家尼尔斯·玻尔、恩里科·费米。6个月后，根据《魁北克协议》，英国的科学家也陆续来到这里。

西拉德等几位知名学者没有到洛斯阿拉莫斯，他们觉得在这样一个偏僻而荒凉的地方，不可能进行清醒的思考。

奥本海默的朋友欧内斯特·奥兰多·劳伦斯是一定要来的，他和奥本海默一样迷恋山峦和沙漠。

这里的人都很年轻。在二战期间，洛斯阿拉莫斯人平均年龄为27岁。这应了中国一句老话，叫做"自古英雄出少年"。

格罗夫斯将军曾说，他们"在洛斯阿拉莫斯集中了一批怪人"。奥本海默把这批怪人集中在这里，组织起来成立了一个研究、实验、制造原子弹的实验室。

在这批人中除了伯克利夏季研究会的成员外，其他大部分人员对原子弹研制工作还一无所知。据说当时清楚来干什么的只有17人。

奥本海默任命出生于阿拉莫戈多，从威斯汀豪斯公司来的理论家爱德华·康登为实验室副主任，并让他将伯克利夏季研究会上的记录整理成讲稿。这份当时只有24页油印纸的讲稿规定了实验室的建造和实验室目前要做的工作，简单地介绍了怎样把原子弹制造出来。这份文件被称为《洛斯阿拉莫斯入门》。

奥本海默把《入门》发给每个经过"保密限制"审查的、新来的科学家，并举办了有关原子弹的讲座。

奥本海默说，原子弹又称裂变武器，是利用化学元素

^{235}铀或^{239}钚等重原子核的裂变反应，瞬时释放出巨大能量来达到杀伤敌人、毁坏设施的核武器。

他要求科学家们打开《入门》，其中复杂的数学运算非常清楚地反映了爆炸时的核能量。

说得再详细一点就是：^{235}铀、^{239}钚等裂变材料有一个特性，它的一个原子核能分裂为两个或数个质量相近的核，同时能释放出两个或两个以上的中子和大量的能量。这种能量相当于普通化学燃料燃烧时所释放出的能量的千万倍以上。被释放出来的中子又去轰击其他原子核，引起新的裂变，如此不断地进行下去即所谓自持链式反应。

例如^{235}铀的一个原子核吸收一个中子后发生裂变，平均能放出2.56个中子，^{239}钚裂变后平均能放出2.9—3.0个中子。但是要维持这个链式反应，裂变物质在某些给定的条件下必须有一个最小质量，小于这个质量，释放出的中子因部分损失，也就是跑到裂变物质以外了，而使链式反应不能维持下去，这个最小质量叫临界质量。

小于临界质量时裂变物质"安静平和"，在一般情况下不会产生危险的爆炸，只是放射性很强，对人和其他生物都有伤害。一旦大于临界质量，则瞬时"凶残暴虐"，祸临人间，这时裂变物质放射出的中子就能在其内部轰击其他原子,产生链式裂变。

临界质量取决于多种因素。例如裸球结构的^{235}铀和^{239}钚,其临界质量为52千克和10千克。也就是说,只要有10千克钚就可以制成一颗原子弹。当然实际制造原子弹时,用量要超过临界质量。因为核装料在临界质量状态下,爆炸效率只有2%的能量。

假如取钚为12千克,将12千克分成2—4块,每块3.6千克分装在一个圆球内成为一颗原子弹。要使其爆炸,关键是让分装的钚块,瞬间"凑"或"挤"到一块达到超临界状态。要实现这一过程有两种方法,一是"枪法",将几块次临界质量的钚(或铀)在化学炸药爆炸压力的推动下迅速合拢到一起而爆炸。另一种方法是"内爆法",又称压紧法。即用普通火药爆炸产生的内聚爆轰波,压缩处于临界状态的"松散"裂变物,使其密度急速增大达到超临界状态而爆炸。

但是,并非只要是铀或钚都能制造原子弹。用于制造核武器的铀和钚还有浓度的要求,浓缩的^{235}铀和^{239}钚的浓度要达到93.5%。^{235}铀从天然铀矿中提炼,而^{239}钚是通过人工办法在反应堆中用^{238}铀制造出来的。^{238}铀在自然界的铀中含量为99.3%,^{235}铀在自然界铀中的含量是0.7%。橡树岭的X基地，采用气体扩散法浓缩^{235}铀。汉福德的W基地，用费米设计的核反应堆生产^{239}钚。奥本海默认为这两个基地的生产，没什么问题，关键是洛斯阿拉莫斯，怎样把原子弹制造出来并投掷出去，引爆，能够用于实战。Y基地担当着非同一般的重担。

奥本海默鼓励他的同行们说："我们所做的工作是一件将结束这次战争从而结束所有战争的工作。浪费每一个小时将有无数善良的人惨死在法西斯的屠刀之下。抓紧时间把原子弹制造出来，是对和平的最好回报。"

奥本海默的讲座及《入门》中的内容，震惊了那些由于"保密限制"而被蒙在鼓里的化学家和实验物理学家。他们通过奥本海默讲课才了解了他们在做什么，将来要做什么。

整个"曼哈顿工程"的保密工作做得非常好。格罗夫斯将军规定"工程"各部门之间不得来往，基地人与人之间也不能交流。这一点在橡树岭和汉福德都做到了，唯有洛斯阿拉莫斯是个例外。

因为制造原子弹是开天辟地以来的一件前所未有的大事，没有成功的经验可以借鉴。奥本海默认为必须群策群力，依靠广大科学家的集体智慧，才能完成这一将永久载入史册的任务。

科学家们在奥本海默的领导下坚持按他们惯用的工作方式，经常交流情况。他们每周举行一次学术讨论会（这是奥本海默的主意），每位科学家畅所欲言，献计献策，因而促进了知识和见解的自由交流。参加研制原子弹的大多数科学家都说，如果按照格罗夫斯的要求行事，他们不可能及时研制出原子弹。

对此格罗夫斯采取的对策是，除奥本海默外，禁止洛斯阿拉莫斯的科学家同其他基地来往。在格罗夫斯看来，《入门》就是原子弹，奥本海默就是原子弹，他根本不理会什么从理论到实际的那个鬼距离。

奥本海默经常到其他基地去，与那里的科学家共同商讨研制原子弹的大计。有时也把洛斯阿拉莫斯急需的人才，从其他基地调来，以保证原子弹研制工作的正常进行。

奥本海默把各个方面科学家的意见不断地充实到《入门》中，综合了当时最新的科研成果。《入门》不但成了一本来到洛斯阿拉莫斯工作的入门书，也成了一本研制原子弹的指引性文件。

"曼哈顿工程"的保密工作是个奇迹，直至二战结束，日本和德国都没得到任何关于制造原子弹的情报。原子弹在广岛上空爆炸后,日本当局还以为是一颗重磅炸弹,根本不相信会有原子武器,直至日本科学家赶到现场,才惊呼人类已拥有了核武器。

建在洛斯阿拉莫斯的核反应堆开始运转时,科学家们在实验室副主任恩里科·费米家中开了个酒会,在酒会上科学家们纷纷向费米表示祝贺,而费米夫人却不知是怎么回事。她拉过一位女科学家询问,这位女科学家幽默地说,"教皇(指费米)遥控打沉了一艘日本旗舰"。费米夫人一直信以为真,并经常到处宣扬,为之骄傲。有一天,她的儿子朱利奥被一位在这里搞建筑的工程兵上尉的儿子欺负后,回到家里很伤心地说,打我的同学他爸爸是个很大的大官,是上尉。费米夫人却鼓励儿子说你爸爸能遥控炸毁法西斯军舰,官可能不会比他爸爸小。

对于洛斯阿拉莫斯的科学家来说,保密并不像格罗夫斯想的那么难。奥本海默的《入门》中渗透了一种思想。这种思想概括起来,就是我们现在正在同德国法西斯作殊死的较量,德国核物理学家也正在研制一种新型武器。核裂变是德国科学家首先发现并最早开始研究的。一旦希特勒首先掌握了核武器,人类就要开始进入"荒原期",陷入水深火热的无限痛苦之中。奥本海默说:"德国的布雷格教授能比美国早两年制造出原子弹。"德国当时的皇家物理研究院院长海森堡对核物理的了解不比玻尔少，像这样的世界一流的科学家组织生产原子弹不会有什么困难。

科学家们是怀着一种与德国法西斯争时间的心理来做保密工作的，是一种非常自觉的行为。当时在洛斯阿拉莫斯流传一首儿歌，儿歌唱道：

A代表原子，

它是那么小，

还没有人真正见到。

B代表炸弹，

炸弹大得多，

因此兄弟们，

扣扳机不要太急。

S代表秘密，

你可以永远保密，

只要外国人没有一个人聪明伶俐。

（注：英文中原子、炸弹和秘密这三个词的头一个字母分别为A、B、S。）

《入门》绝不仅是一本技术指导手册，其中有奥本海默成熟的思想。这些思想感染着在洛斯阿拉莫斯工作的每一个成员。

《入门》除规划出怎样生产原子弹外，其中还有关于实验室建造的一些内容，不过并不怎么详细，只是一个大概的设想，工程兵特遣队就是依据这些概略的设计来建造实验室的。奥本海默要求工程兵特遣队尽快建造一座加速器大楼，这是一个很大的工程，加速器的一块磁铁重约2 200吨，可以想见整个加速器绝不是一个小东西。

这座大楼需要在房子一头有一个地下室，以安装加速器，而在另一头要有一个坚实的地基用以安装两台范德格拉夫发电机。哪一头装哪一种设备无关紧要，只要能尽快把工程完成就行。工程兵特遣队按照《入门》的设计开始了壮观的施工，在大楼工地的左右两侧，一边是坚硬的岩石，一边是松软的黏土，工程兵特遣队正好在坚实的岩石上硬钻出一个地下室来，并且用挖出来的碎石在松软的黏土上填塞那个地基。奥本海默无法理解可爱的大兵的忠诚，只是觉得又好笑又可气。

奥本海默不能和工程兵特遣队说得太多，工程兵手上的《入门》也不太详细，这是洛斯阿拉莫斯保密限制所规定的。

建实验室耗费了奥本海默很多心血，他觉得与工程兵特遣队打交道很不容易。中国有句古话是："秀才遇见兵，有理说不清。"奥本海默当时的感觉正是这样。与工程兵特遣队打交道不是《入门》就能解决问题的。

有时科学家们需要临时在某个地方开个门或窗子，工程兵特遣队看着不顺眼就不愿意做，工程兵特遣队抱怨科学家们是一群精神病人，觉得科学家的要求不可思议。格罗夫斯对工程兵特遣队说："你们的工作不会是轻而易举的。我们好不容易才在这里集中了一批疯子，人数之多，前所未见。"科学家们又不能和工程兵特遣队解释得太多，只好反复告诉工程兵特遣队必须这样做。他们最后也只能按照科学家们的意见去做。

有时在室内建一个架子，进行一项实验，用几天又要拆除，做另一项实验，这更使工程兵们很恼火。他们说他们是希腊神话中的"西齐夫"，每天往山上推一块大石头，到晚上，石头滚下山，第二天再推，做的是毫无意义的工作。

工程兵特遣队愿意在洛斯阿拉莫斯建设住房，住房设计得非常好，所有的住房都是木结构，全都一个样式，一律涂上绿色，它们斜对着街道，以便最大限度地利用土地，而且中间留下足够的空间以减少火灾可能造成的损失。工程兵们看到他们建设的住房不断有新的住户搬进去，有一种劳动被别人认可的兴奋，全然不是建设实验室的那种沮丧。

在洛斯阿拉莫斯，最不能理解《入门》的，最不能理解这些科学家的就是这群一天到晚累得筋疲力尽的工程兵。

《入门》在研制原子弹过程中不断完善，到原子弹爆炸，这本小册子已经是一本很厚的书了。它完整地记录了原子弹的设计、制造，记载了发生在洛斯阿拉莫斯的事情，保存了洛斯阿拉莫斯建筑的第一手资料，是一本完备的洛斯阿拉莫斯档案。

巨大的忧虑

1943年夏季的洛斯阿拉莫斯，雨水特别多，倾盆大雨把土壤中的黏土变成了黏滑的胶质，随后又粘在鞋子上，在鞋子周围结成沉重的一层，人们在这里举步维艰。

起重机、压路机和载重汽车，以它们的庞大身躯，在洛斯阿拉莫斯肆虐成性。发了狂的推土机有时把路边的树木无情地压在泥里，树木失去了往日的光彩，在泥里再也无法分清树叶、树枝和树干，树木在人们看不见的地方被来往的车辆一点点辗碎。

奥本海默的妻子基蒂郁郁寡欢，她无法像费米夫人那样，到基地医务室去做杂务，到圣菲去采购食品，回到家里熬一大锅浓浓的肉汤，或者开家庭舞会。基蒂是基地交际处的负责人，她想把工作做得好一些，但在这里却是多余的，因为这里是个不同寻常的保密单位。她面对泥泞不堪的基地和终日轰鸣的机器，脆弱的心灵得不到安宁。

奥本海默经常吃住在实验室，有时甚至连续工作几个星期，头脑处于一种高速转动状态。他很少回到基蒂的身边，对生活中的一切都淡忘得让基蒂无法理解。基蒂借酒浇愁，精神处于崩溃的边缘。

1943年中期对原子科学家来说，无论如何是一个引起巨大忧虑的季节。他们看到纳粹德国开始节节败退，意识到法西斯在做垂死挣扎。

奥本海默希望能在1945年初制造出原子弹，但他知道，如果德国在1939年就以同样的规模进行裂变研究的话，在这个时候德国应当接近掌握原子武器了。因为德国核物理学家数量多，水平高，又有庞大的研究机构。在核研制方面，德国曾处于领先地位。一些关键性核物理研究成果皆出自德国科学家之手。

1943年夏，从柏林传出一个惊人的消息：德国正在进行一项秘密工程，试图利用最先进的科学成果，创造一种毁灭性很强的新式武器。

1943年8月21日，奥本海默收到一份备忘录。这份备忘录说：

"最近报刊的报道和情报机关的报告都表明，德国可能已拥有一种强大的新式武器，可望在11月至翌年1月之间完成。看来这个新武器很可能是管道合金（即铀）。如果证明确是如此，那德国有可能在今年年底积累到足够的材料来生产大批小玩意儿（指原子弹），将会同时投掷到英国、俄国和美国。如果那样，就没有多少希望进行任何反击。但是，也可能他们每月只能生产两只小玩意儿。这将使英国陷于十分严峻的处境，但我方仍有希望进行反击，只要我们自己的管道合金计划在今后几星期内大大加速就行。"

在日渐加深的危机感中，奥本海默给大家宣读了总统罗斯福在华盛顿泛美科学家第八次大会上的演说：

"在世界的这一部分，科学家们现在仍然能够在自由之中追求真理。但是，战场距离之远并不是科学家们的自由的保障……在现代，从欧洲到加利福尼亚州旧金山的距离，要比当年尤里乌斯·恺撒的舰队的军团从罗马开到不列颠的距离还要短。今天，从非洲大陆到南美洲大陆只是四五个小时的航程。

你们是科学家，你们可能听说过，你们要对今天的天崩地裂负一部分责任……但是我请你们放心，要负责任的并不仅仅是科学家们。

科学的伟大成就……仅仅是人们试图做他们所希望做的那些事情的工具。

我们能够继续我们的和平建设吗？不，我认为不能。无疑地现在是我们共和国运用我们所掌握的每一种知识，每一门科学的时候了。

归根结底，你们和我，如果需要的话，将要一起行动起来，用各种方法来保护和捍卫我们的科学、我们的文化、我们美国的自由和我们的文明。

希特勒对美国的威胁是实在的，同时也是巨大的。"

奥本海默强调无论遇到什么困难，哪怕是核战争已经成为现实，我们也要用我们的核武器，消灭法西斯的核武器，消灭法西斯。他还建议格罗夫斯将军要马歇尔训练一些军官，学会使用盖革计数器，学会探测核辐射，学会一些基本的核防护，以备不测。

奥本海默对形势的估计是：美国有大西洋这么宽的天然屏障，要比英国遭受核打击的可能性小，即便是同样遭受核打击，在程度上也要轻一些。在核打击没有到来之前，洛斯阿拉莫斯的任务是尽可能地加快研制原子弹的速度，与德国人争时间，赶在核打击来到美国本土之前制造出原子弹。洛斯阿拉莫斯研制的原子弹不但要捍卫美国，并且要拯救英国，要挽救战争的败局。

当时一切迹象都表明英国遭受德国的新型武器的打击是在所难免了，英国一些贵族纷纷逃到美国和加拿大。

基蒂的一位亲属举家从英国迁居美国，投奔奥本海默。奥本海默对此感到束手无策，既不能让他们来洛斯阿拉莫斯，这为保密原则所不准，又不能把他们安排到伯克利，因为自己全家都不在那里。

在无奈的情况下，奥本海默把他们委托给弟弟弗兰克。1943年9月的一天，他去看望他们。他说："德国如果真的拥有毁灭性武器，那是无法躲避的。"

雨季把洛斯阿拉莫斯陷在泥泞里，把洛斯阿拉莫斯的小孩关在家里，把烦恼留在人们的脑子里。洛斯阿拉莫斯成了机器的天下。机器卷走了绿色，卷走了人们对大自然的憧憬，卷走了女人花枝招展的色彩，卷走了孩子们的欢歌笑语。洛斯阿拉莫斯深深地陷在巨大的忧虑之中。

奥本海默的妻子基蒂酗酒的程度有增无减，越来越凶，精神状态也越来越不好，有时刚睡下就被噩梦惊醒。奥本海默把妻子送回了伯克利，并为她请了一位心理医生。基蒂的父母也来到伯克利照顾基蒂，基蒂的情况才有些好转。

奥本海默在洛斯阿拉莫斯积极推进原子弹研制计划，大力调整要害部门的人事力量。英国科学家的到来帮了大忙。

1943年11月，英国工作组抵达洛斯阿拉莫斯。工作组领头的是帝国化学公司的华莱士·埃克斯爵士。他是英国管道合金管理局的总负责人。挂名的组长是派厄尔斯，成员有富克斯等人。

英国工作组的到来大大缩短了制造第一批原子弹的时间，据估计提前了2个月到1年的时间。

英国工作组到来所产生的立竿见影效果是帮助奥本海默解决了重要的人事问题。英国的科学家，派厄尔斯被奥本海默任命为钚弹内爆研究室主任。这颗钚弹后来被称作"胖子"，胖子是指丘吉尔。把钚弹称作"胖子"，意思是钚弹主要是依靠英国工作组才制造出来的。派厄尔斯领导的内爆研究室，用炸药透镜法解决了钚弹引爆这个钚弹制造中的棘手问题。

内向爆炸透镜状体系统是由截棱锥形的块块构成的，每块的大小和汽车用的蓄电池差不多。这些透镜装配起来后形成一个球体，透镜较小的一头朝向内。每个透镜用两种不同的炸药材料装在一起，外面的一层较厚，燃烧较快；里面的一层较坚实，燃烧较慢，其形状使之延伸到指向弹芯的块的表面。

尼尔斯·玻尔和他的儿子奥格也是这个时候与英国科学家一起来到洛斯阿拉莫斯的。老师玻尔的到来增强了奥本海默战胜目前困难的信心。

玻尔担任管道合金管理局的顾问，他的儿子奥格是初级科学官员。玻尔在洛斯阿拉莫斯被称作"尼克大叔"，他的真实姓名是保密的。

1943年的最后一天，奥本海默召集专家们开会，在会上请玻尔给科学家讲了关于德军的核武器研究。玻尔以轻蔑的口吻提到希特勒，他说：

"希特勒只有几百辆坦克和几百架飞机。却企图奴役欧洲1000年，这类事永远也不可能发生。我见过德国所谓毁灭性很强的新式武器的草图，那是海森堡画的，很显然那不过是一个核反应堆。这些德国人简直完全疯了——他们是不是想把这个反应堆扔到伦敦去？我希望这次战争结局是良好的。我来到洛斯阿拉莫斯，看到科学家们的努力所产生的结果和科学家们的合作精神，将对战争结束产生有益的作用。"

奥本海默后来回忆说："在科学界我们干的工作也许

是最值得怀疑的，最成问题的。我们都很年轻，没有工作经验和人生经验，但就是在这样的情况下，玻尔却突然在洛斯阿拉莫斯出现了。当许多人都心怀疑虑的时候，他使这项事业似乎有了希望。玻尔一来不仅参加工作，而且参加我们的讨论。他告诉我们每个巨大和深刻的困难本身都包含着它自己的解决办法……这一点我们是从他那里学到的。我们大家都愿意相信他所说的一切。"

玻尔的到来使科学家们的巨大忧虑减轻了许多，奥本海默也从精神的低谷艰难地走了出来。他从伯克利把妻子接回洛斯阿拉莫斯，基蒂的精神状态比从前好多了。

为了抢在德国人之前造出第一颗原子弹，美国向欧洲战场派出了名叫"阿尔索斯"的行动小组，专门在欧洲各地搜捕德国科学家，收集德国制造原子弹的情报。美国认为如果得到一个第一流的德国科学家，比俘获10个师的德军更为重要。

诺曼底登陆时，美国军队前锋刚刚冲进斯特拉斯堡，行动小组就冒着生命危险，在当地大学查阅到德国隐匿于此的制造原子弹的档案——"U计划"。

"阿尔索斯"行动小组发现，在德国占领区的小镇黑兴根，有一个"U计划"基地。他们把情报迅速报告给美国陆军参谋长马歇尔。马歇尔立即派出一个突击兵团,袭击了黑兴根,彻底摧毁了"U计划"基地。

1943年末,奥本海默也知道了,夏季情报中所说的德国新式武器并不是原子弹,也不是玻尔说的核反应堆,不过是一种飞弹。

纳粹德国从1937年开始研制V—1飞弹。

这种飞弹,它是位于德国北部波罗的海中的乌泽多姆岛上的佩明德火箭发展中心,由纳粹德国空军负责组织火箭专家研制成功的。

当时,在该火箭发展中心同时秘密进行着V—1巡航导弹和V—2弹道导弹两种导弹研制工作。V—2研制工作由德国陆军负责。1944年第一枚火箭发射到英国,击中了英国的肯特郡。

希特勒打算向伦敦发射50 000枚V—1导弹,平均每月5 000枚,但没能如愿。发射基地被英国特工和法国人米歇尔·奥拉尔领导的特工小组摧毁。

直至战争结束,德国未能首先研制出核武器的原因虽是多方面的,但主要还是由于希特勒迫害犹太血统的科学家,致使德国2 000多位著名科学家外流;留在德国的科学家对德国研制核武器采取了明遵暗抗的态度;德国国内人民进行的抵制，使用于核裂变实验的材料质量低劣，导致布雷格教授核试验的失败；盟国针对德国核试验进行了一系列破坏等。

在这几个因素中，决不能低估科学家的作用。盟国之所以重视德国核试验，是由于奥本海默等科学家不厌其烦地反复提醒的结果。

奥本海默清楚核武器一旦被恶魔希特勒所掌握的严重后果，清楚德国科学家的研究实力，所以奥本海默等一批科学家才把核武器研制与担心纳粹掌握核武器，两个问题并重地提到足够引起当局高度重视的程度。

当然，最根本的是"得道多助，失道寡助"。

1943年希特勒秘密武器的传闻，给洛斯阿拉莫斯的科学家带来了巨大的压力。在这种压力下，奥本海默领导的原子弹研制工作进入了一个新的历史时期，科学家们进入了一种高速研制状态，效率比以前大大提高。

分秒必争地工作，以制成可以早日结束旷日持久的血腥战争的武器，使洛斯阿拉莫斯的工作与生活都很紧张，但也使之变得高尚。

奥本海默在这个艰苦时期是洛斯阿拉莫斯名副其实的灵魂。后来他的同事回忆说：

"奥本海默也许是我见过的最好的实验室主任，因为他头脑十分灵活，因为他成功地了解了实验室几乎每一件重要的发明，也因为他对别人的心理有很不寻常的洞察，这一点在物理学家中是很少见的。

他知道而且理解实验室里进行的一切事情，不管是化学的或理论物理或机械车间方面的。他能够把事情统统地装进脑子里，并进行协调。

他听到或看到任何事后，马上就能明白，而且会把这件事纳入总的情况，得出正确的结论。实验室里根本没有任何人能与他媲美。他不仅知识丰富，而且对人热情，善于团结人。人人都肯定感到，奥本海默关心每一个人的工作。他善于挖掘每一个人的内在潜力，善于鼓舞人。他和人谈话时，总要使对方明白，你的工作对整个工程的成功来说是重要的。我们不记得在洛斯阿拉莫斯时他对谁不好，虽然战前和战后他却常同别人闹别扭。在洛斯阿拉莫斯他没有使任何人感到自卑，一个也没有。"

洛斯阿拉莫斯在大踏步地前进！

间　谍

奥本海默在洛斯阿拉莫斯领导科学家进行的原子弹制造，进入攻坚阶段。他并不怀疑他所从事的事业，但他也知道，可能也会有人因此诅咒他。他毕竟是在领导着制造人类历史上第一个能使人类毁灭的武器。

尼尔斯·玻尔和奥本海默谈过原子能的两重性，一方面原子能可以造福于人类，但另一方面原子能也可以给人类带来灾难。问题的关键是看什么人、什么政府掌握原子能。

奥本海默知道原子弹这个难解的谜，将会有两个答案、两种结果。其中一种是卓越超群的。这使他感到洛斯阿拉莫斯的工作是正确的，是一项伟大的工程。在这种心绪支配下，他暂时忘却了他过分重视良心的痛苦。

他早就认识到这种忘却是可能的。1932年他在给弟弟弗兰克的信中就明确表明："因此我认为我们应当以深切的感激心情，欢迎一切激发纪律的事物；我们应当学会承担社会责任，学会在战争、个人苦难甚至人类生存中尽自己的义务。我们只有通过做一些对人类有益的事情，才能达到最低程度的超脱，而且只有这样才能得到和平。"

他从对人类和社会责任中找到了暂时的超脱。他似乎第一次找到了缓解自我厌恶的办法。

但是奥本海默仍然感到自卑。许多年以后，他自己坦白地说，他始终对自己一生中的行为"感到非常后悔和负疚"。他总不时地告诉自己在洛斯阿拉莫斯，他正在做一件极不应该做的事。

毋庸置疑，原子弹的出现一定会给人类造成前所未有的大灾难。制造原子弹是奥本海默等一批科学家的事，而原子弹一旦变成一个实在的东西，投放到什么地方就不是奥本海默能够控制得了的了。无论投到什么地方，对于那个地方的人类及其他生物都将是一场空前的毁灭。这是奥本海默无法接受的。他无法在这个问题上原谅自己，痛心疾首地觉得自己有愧于人类。

在洛斯阿拉莫斯，他时时有一种无法排遣的忧郁，担心科学成果有那么一天被某个独裁政府所利用，流露出希望一切爱好和平的政府都掌握原子弹的愿望。这给他被怀疑是苏联共产党的间谍埋下了祸根。

他与玻尔谈过这种想法。玻尔是一个和平利用原子能主义者。玻尔将这种想法告诉了罗斯福总统并得到了罗斯福的认同。罗斯福甚至同意玻尔到苏联去访问，将原子弹制造技术透露给苏联。但后来遭到了合作对象——英国首相丘吉尔的强烈反对。

奥本海默的想法并没有因此而改变，他始终希望德国法西斯灭亡后，世界所有爱好和平的国家都拥有原子弹。他觉得他有义务把新的科学成果提供给全人类使用，而不是留给少数人去进行核讹诈。他的想法给他带来很大麻烦，并险些因此而坐牢。

1943年夏，奥本海默接到了琼·塔特洛克的来信。他在和妻子认识之前曾爱过这个不幸的女人。

琼·塔特洛克是美国共产党员，信仰共产主义。当时在美国科学家中信仰共产主义的人并不少，但在美国无论什么信仰，都必须遵守保密法律。奥本海默虽然不信仰共产主义，但是他信服塔特洛克的观点。他相信塔特洛克，超过了相信上帝。

琼·塔特洛克一直在联邦调查局的监视之中。她这次与奥本海默的联系无疑使美国情报部门大为紧张和惊恐。在美国看来，当时他们忠实的盟友是英国，除了战时的敌人法西斯外，他们的敌人是信仰不同的红色苏联，是以苏联为首的共产主义阵营。

美国政府甚至觉得希特勒并不可怕，因为希特勒在二战后期已成为世界人民的公敌，总有一天会被扫进历史的垃圾堆。而共产主义阵营如日中天，生机勃勃，美国政府非常害怕共产主义事业。

联邦调查局把奥本海默与情人的约会看成是当时一件不得了的大事，如临大敌，如履薄冰。他们既害怕制造原子弹的情报传给共产主义阵营，又害怕失去当时在原子弹制造中起顶梁柱作用的奥本海默。

联邦调查局派出一个小分队，跟踪监视奥本海默和他的情人。联邦调查局的文件中冷酷地记载了安全人员偷窥这次会面的情况：

"1943年6月14日，奥本海默在晚上从伯克利坐火车到达旧金山。琼·塔特洛克去接他，并吻了他。他们在旧金山百老汇路787号的佐奇密尔丘餐馆吃晚饭，然后于晚上10点50分去蒙哥马利街1 405号，走进最上层的公寓。随后，灯就熄灭了。第二天早晨8点30分才看到奥本海默和琼·塔特洛克一起离开那幢房子。"

回到洛斯阿拉莫斯，奥本海默似乎第一次缓解了自我厌恶的压力。他也许是在和塔特洛克的接触中又发现了新的自我剖析的方法，或许又重新找回了迷失的自我，也许他又重新看到了工作的意义和生活的意义。这没人知道。

他说："在争取解脱出来做一个有理智的人的尝试中，不得不认识到我对自己行为的担忧是正确的和重要的，但这还不是全部事实，必然还有另外一种看法，因为别人并不像我一样看待它们。我需要知道他们的看法，需要他们。"显然，他已经找到了比较传统的缓解方法，那就是把自己完全投身在工作中。

不管奥本海默在精神上和工作上有什么样的负担，除了塔特洛克，别人无法解除他的烦恼。

他的妻子基蒂因为受不了洛斯阿拉莫斯与世隔绝的生活，受不了奥本海默与情人的暧昧关系，无法理解谜一样的丈夫，又沉溺于饮酒，以致到了不能正常工作的程度。

与奥本海默相处，就像同他做猜字游戏一样。奥本海默的生活也像字谜，总要让别人去猜。他的一位同事说："同奥本海默玩玩这种智力游戏大有益处。奥本海默是个怪人。他的问题是什么都想干。"

对奥本海默这个让一般人不好理解的人物，联邦调查局当然不会放过，他的行动受到监视，他的房间电话被窃听，连他的私生活也有陌生人注意。

陆军情报部门为奥本海默安排了一个特别警卫员。这名警卫像个鬼魂似的跟在奥本海默的左右。在没有这个警卫的情况下，奥本海默连从家里到实验室去的自由都没有。

在联邦调查局中至少有一个人深信奥本海默是苏联间谍。这就是皮尔·德·席尔瓦。席尔瓦经常组织调查小组盘问奥本海默，要他讲出他知道或者认为是共产党员的人的姓名，企图用这种办法抓住奥本海默的把柄。

为了保护自己，奥本海默捏造了一些情节，说出了他情人的一些情况。

1944年1月，琼·塔特洛克自杀身亡。她在留给奥本海默的遗书中说："我想活，作出贡献，但不知为何瘫痪了。"塔特洛克在遗书中的潜台词，奥本海默一定会懂。

情人的死给奥本海默很大的打击，一度使他早上3点钟起床，做他的实验，晚上很晚才睡，白天连喝咖啡的时间都没有，他不允许自己停下手中的工作，不允许大脑停下来不去思考原子弹。一旦停下来，塔特洛克的音容笑貌就会出现，与她相处的日子就会在大脑中重演，他的灵魂就要追随塔特洛克,再也不愿回到核物理和原子弹上来。

奥本海默是在用工作来摧残自己。他喝酒,抽烟,吃辛辣食物,寻求食物对感官的刺激。他对塔特洛克的死有沉重的负罪感。

奥本海默有一个朋友叫埃米尔·克劳斯·尤里乌斯·富克斯。富克斯1911年12月29日生于德国达姆施塔特附近的吕塞尔赛姆村。他是一名无神论者,读大学时参加了德国共产党。在基尔大学读书时与纳粹党员水火不容,被纳粹党员痛打一顿后,扔到河里,险些丧命。

他对党的事业忠心耿耿,1933年2月参加了德国共产党大学生代表大会,9月逃亡到英国,1月成为布里斯托尔大学物理系教授内维尔·莫特的研究生。1937年被授予数学物理博士学位,同时又得到一笔研究奖学金,其后到卢瑟福和马克斯·玻恩处继续深造。1941年5月在英国开始从事原子弹研究,12月到美国访问,开始与奥本海默接触。

奥本海默与富克斯是一师之徒,富克斯又非常看重自己的大师兄,他们之间的关系非常好。

富克斯访美期间两人谈了很多。奥本海默向他介绍了美国理论物理研究的现状,并提到了美国正在组织部分物理学家研制原子弹。

富克斯1941年开始为苏联共产党提供情报，奥本海默无意中谈到的一些情况成了富克斯情报的主要内容。

富克斯1942年申请加入英国国籍，并在《官员保密法》上签字，宣誓效忠英国。

1943年富克斯同英国原子弹研究小组一起来到洛斯阿拉莫斯，同美国政府签订了例行的保密证书。

格罗夫斯说："我们同意富克斯参加这项计划是一个错误。但是，我们究竟能在多大程度上避免这个错误而不致因为坚持要对大不列颠的安全措施进行监督，从而伤害我们在战争中的这个主要盟国的感情，即使现在我要对这个问题说出个所以然来，我还是不知道该怎么办才好。"

富克斯在洛斯阿拉莫斯颇受欢迎。他和蔼可亲，乐于助人，并且对其他人的工作也非常关心。他非凡的才干同罕见的沉默寡言结合到一起，要让他讲出一句话来，必须首先跟他讲一句话。因此他被称作"自动售货机"。

他有一辆旧的比克牌汽车，喜欢开着汽车到乡间去兜风。

富克斯报告给苏联的最有价值的情报是透露了钚弹的详细情况：其中包括设计、制造方法以及这种钚是在华盛顿州汉福德的原子反应堆里生产出来的这一事实。

引爆钚弹使用的装置，是一种向中心方向爆炸的爆炸透镜状体。富克斯对这种装置作了描述，引起了苏联极大的兴趣。苏联共产党方面要求富克斯提供更详细的报告。偏巧，美国一名年轻的军官戴维·格林格拉斯弄到了爆炸透镜状体的草图，并把这个草图出卖给苏联谍报人员。苏联共产党让富克斯鉴定草图的真伪，富克斯肯定了草图的真实性。

苏联共产党曾多次为富克斯提供活动经费，都被富克斯拒绝。他说他绝不是为了金钱，他不缺钱，他是为了崇高的共产主义信仰。

奥本海默比富克斯大7岁。富克斯具有奥本海默的头脑与爱好，他们有很多相似的地方，比如都喜欢哲学、数学、心理学，都是理论物理学家。与别人明显不同的是，他们都记忆力超人，而且对洛斯阿拉莫斯的一切研究工作他们都很在行。

奥本海默的朋友很有限，富克斯是他很要好的朋友。

在富克斯为苏联提供情报没被发现之前，美国联邦调查局发现原子弹研制泄密。根据泄密情况，断定泄密人一定是一个对研究原子弹全面了解的人。因为当时的情报中不但有汉福德，还有橡树岭。比如情报指明汉福德的原子反应堆是水冷却的，橡树岭的原子反应堆是气冷却的等等。

另外，爆炸透镜状体的研制是绝密的，只有奥本海默等几个人知道。联邦调查局根据情况综合分析，怀疑为苏联共产党提供情报的人，就是奥本海默。

奥本海默具备提供情报的条件。早在原子弹研究初期，美国原子弹研究情报就被苏联窃取，那时联邦调查局就注意到了奥本海默。琼·塔特洛克的死，使联邦调查局对奥本海默查无实证。陆军反情报部门，对奥本海默的侦查不了了之。

从奥本海默的情人到他身边发生的泄密，到他对原子弹的了解，以及他的二重态度，奥本海默自然成了联邦调查局的主要怀疑对象。

奇怪的是，奥本海默同共产党人的联系，在1941年到1945年"曼哈顿工程"情报不断外泄的情况下，并没有被联邦调查局起诉。而到了1954年，在他为国家做出多年的成就卓著的工作之后，却有人利用早年的那些联系对他进行起诉，没收了他的保密通行证。格罗夫斯也说："他的背景中有许多东西不合我们意。"但是他却推翻了陆军情报部门的许多理由，使奥本海默通过了审查。

他俩真是奇怪的一对，虽然关系不亲密，但彼此尊重。

"三一计划"

1944年3月,奥本海默开始组织进行钚弹的全面爆炸试验。他选定陆军阿拉莫戈多试验场中一块被称作"死亡之途"的沙漠地作为爆炸试验场,并为之起了一个古怪的名字:"三一试验场",把这次试验代号叫做"三位一体",这次试爆计划称作"三一计划"。他认为这是第一次人造核爆炸,这次核爆炸将成为永载人类史册的历史事件,所以要有一个响亮的名字。1962年,格罗夫斯将军写信问他,为什么取这么个代号,猜想他之所以选择这个名字,是因为美国西部用这个名字命名的河流和山峰很多,因此用它不显眼,有利于保密。

奥本海默复信说:"代号是我建议的,但不是由于你说的那个理由。我为什么选择这个名字,我也说不清楚。

但我知道当时心里想些什么。我当时想起了约翰·多恩的诗句：

既然西方和东方，

在一切平展的地图上都是合为一体，

而我也是其中的一体，

因此死亡的确靠近复活。"

这首诗是多恩在医院临死前写的，其微妙之处是诗中包含着互补性，与原子弹的互补性类似。玻尔在奥本海默精神陷入危机时曾对他有过这方面的启示，垂死引向死亡，但也可能引向复活，这正是诗中揭示这一悖论的一种方式。正如原子弹是死亡的武器，但也可以结束战争，拯救人类。20世纪上半叶，没有原子弹发生了两次世界大战，20世纪下半叶，有原子弹后很可能会避免世界大战。这就是原子弹的两重性。人类可以和平利用原子能，对核武器可以实行国际监督。

奥本海默在写给格罗夫斯的信中继续说："这仍然不能构成'三位一体'，但多恩在另一首更为人所知的虔诚的诗中写道：

啊，三位一体的上帝，

请你打击我的心灵；

因为您至今只是敲打，呼吸。

照耀和企图补救：

为了使我爬起来，并站住，

请你打倒我，

并使用您的力量毁坏我，吹走我，

烧死我，使我获得新生。

我像一座被占领的城市，

要履行新的义务，

为欢迎您而付出劳动。

啊，无尽头的劳动：

理智是您在我心中的统帅，

我应当捍卫它。

但却被俘虏，

证明是软弱或者不真实。

然而我亲切地爱着您，

也乐于得到爱，

但我却和您的敌人订了婚。

请解除或者拆散那个婚约，

把我带到您的身边，监禁起来，

因为除非您奴役我，

否则我永远不会自由，

也不会贞洁，除非您蹂躏我。"

这首诗同样探讨了一种破坏也可以拯救人的这一主题。

这首诗还表现出一种尚武精神，充满热情又充满矛盾，这其实是奥本海默心态的真实写照，人们能够从中体会到奥本海默为这次试验提出"三位一体"代号的缘由。

科学家们对铀弹和钚弹采取了不同的设计方法。一种叫"枪法"，后来代号为"小男孩"的核弹用的就是这种设计方法。"枪法"设计困难少，其机械、制作特性和检验方法都相对成熟，但它只适用于铀装料，不适用钚装料。

大多数科学家赞成"枪法"，并认为这种设计保险系数大，引爆不成问题。

另一种设计方法是"内爆法"。这种方法对核装料纯度要求高，技术难度大，要使难以压缩的固体核装料进一步压缩，并在短时间内产生高速高压对应向心的组合力。钚弹就是这种设计，经过无数次实验，对于钚弹来说这是一种比较优化的设计思想。但这种设计难度大，成功率低，"三一计划"就是进行钚弹爆炸试验。

内爆法适合钚弹，枪法适合铀弹，当时从橡树岭"克林顿工程局"运抵洛斯阿拉莫斯的铀只够制造一枚铀原子弹，这迫使奥本海默不得不考虑制造钚弹。

制造钚弹最大的设计难题就是怎样引爆钚弹。奥本海默任命派厄尔斯为钚弹内爆研究室主任。在派厄尔斯的主持下，他们研制出了内向爆炸透镜状体系统。

内爆核武器全面试验前首先要试验内向爆炸透镜状体能不能将钚弹弹体内的弹芯引爆。

伯克利的理论家克里斯蒂设计了一个较为保守的实体弹芯，两个相配的半球，总量不到一个临界质量，而内爆将把它们原有的密度至少挤压得增加一倍，从而使质量超过临界。

将内爆透镜状体与实体弹芯组装到一起就进入了试爆状态。

奥本海默对钚弹全面试爆的成功与否非常担心。"三一试验场"的试验一推再推，他让物理学家们在实验室内进行精益求精的实验，力求万无一失。但就在"三一计划"进展顺利的时候，传来了罗斯福总统逝世的消息。

罗斯福逝世的消息传到洛斯阿拉莫斯时，奥本海默从办公室里出来，走到行政大楼的台阶上，对自发地聚集在那里的人们讲了一些安慰的话，并定于3天后为罗斯福总统开追悼会。

4月15日清晨，一夜的雪掩盖了洛斯阿拉莫斯的粗犷轮廓，一切活动停顿了，一片柔和的白色，天空红日高照，所有艳丽色彩的物品都用深蓝色布遮盖着。奥本海默在追悼会上作了一次被他的同事称作最好的讲话，他说：

"3天前，当全世界听到罗斯福总统逝世的消息时，许多不习惯于流泪的人都哭了，许多不大祷告的男女老少向上帝祈祷了。我们有许多人对前途忧心忡忡；我们有许多人感到不能肯定我们的工作是否能够圆满结束。我们大家都认识到一位伟人是多么宝贵。

我们亲身经历过大灾难、大恐怖的岁月。罗斯福是我们的总统，我们的总司令，而且从古老和正确的意义上说，是我们的领袖。全世界的人都仰望着他，向他寻求指引，并且在他的身上看到了他们的希望，希望这个时代的邪恶不再重演，希望人们所作的巨大牺牲，以及将要作出的牺牲，能引向一个更适于人类居住的世界……

印度教的经书《摩诃婆罗多》上说'人这种动物的实质是信仰，一个人的信仰是什么，他就是什么'。罗斯福的信仰是世界各国亿万人共有的信仰，因此有可能保持这个希望。

因此，我们应该把自己奉献给这样的希望，希望他的美好事业不会因他的逝世而结束。"

对于罗斯福总统的逝世，奥本海默感到吃惊又印象深刻。他在晚年时曾向记者谈过他当时曾感到极为悲恸……部分是因为我们不能肯定在华盛顿是否有什么人在思索着未来，部分是对新总统的担心。杜鲁门在接替罗斯福任总统之前，只知道有个"曼哈顿计划"，除此以外一无所知。接任总统后，杜鲁门对"曼哈顿工程"持什么态度，还很难预料。一旦战争结束，"曼哈顿计划"就可能停止，这对于奥本海默来说无异于扼杀他襁褓中的婴儿，不能不说是一种悲哀。

这场悲痛很快就过去了，"三一计划"又在继续。

在钚弹进行内爆实验的时候，铀弹已经制造完毕。6月27日奥本海默同格罗夫斯碰头后，拟定把第一批原子弹运到太平洋去。他们同意把"小男孩"抛射体从海上运走，目靶部件用飞机运走。这次运输取名为"布朗克斯"行动，因为纽约市的布朗克斯镇邻近曼哈顿。

6月30日，负责决定进行钚弹试爆日期的委员会，将试爆日期推迟到7月16日。

7月9日，奥本海默坚持在钚弹试爆实施前几天，点燃一个模拟装置。这个模拟装置就是用一个内向爆炸透镜状体，压缩一个别的什么东西，从这个被压缩的东西中引出一个电磁仪器，通过仪器分析内爆效果。

这个模拟装置爆炸后，给奥本海默带来的是沮丧的消息。他们用磁性测量法测量了内爆的同时性，也就是测量将来在钚弹弹芯这个球体表面上，每个点的压力是不是相等，结果是不相等。这意味着内向爆炸透镜状体将把钚弹弹芯炸飞，弹芯不会受到均匀的压力产生核爆炸。

中午，格罗夫斯同布什和科南特飞到"三一试验场"，对试验人员横加指责。奥本海默惴惴不安，总部的每个人都非常烦乱。

当天晚上，奥本海默找到试验者，同他一起检查了实验仪器，发现仪器不能完全记录内爆情况，并帮他对一些数据进行了重新验算；在一个麦克斯韦方程上有点问题，奥本海默帮他纠正过来，并当场和他打赌，修正后的试爆一定能成功，赌注是10美元。

就在这个意想不到的困难时刻，整个"小男孩"除了目靶部件，都在两名陆军军官护送下，由一辆密封的黑色卡车和一车士兵在7月9日早晨离开洛斯阿拉莫斯，前往阿尔伯克基的柯克兰空军基地。一纸清单记述了这一卡车贵重货物：

A.一个重约136千克的盒子，里面装着炮式原子弹用

的放射性物质的射弹组装;

B. 一个重约136千克的盒子,里面装着特殊工具和科学仪器;

C. 一个重约4 536千克的盒子,里面装着全部炮式原子弹所需要的固定部分。

两架等在柯克兰的DC-3运输机把这些板箱和它们的护送军官运往旧金山附近的哈密尔顿基地,从那里另一组保安队将护送它们到亨特海军船坞,等待美国海军"印第安纳波利斯"号重巡洋舰把它们送往提尼安岛。

7月15日,奥本海默邀请了一大群将军和诺贝尔奖获得者,到"三一试验场"来观看他们的原子弹试爆。来人对试爆能否成功众说不一。

奥本海默同这些高贵的客人见面时有些紧张不安,不知所措。他对布什说:"在这个物理世界冷酷无情的最新见证之中,我孜孜求索一片宁静。"并为布什背诵了一首从梵文译出的诗:

"在战争中,在森林里。

在崇山峻岭之巅,

在阴沉的大海里,

在标枪弓箭的乱射中,

在沉睡中，在迷惑中，

在耻辱的深渊中，

一个人曾经做过的善行，

一定会保Y-4。"

奥本海默在伯克利时，曾师从阿瑟·赖德这位学者学习梵文。一本《玛哈帕腊达》史诗，使他从中领悟到很多深刻的哲理。

那天晚上，奥本海默爬到试爆装置的铁塔上，去作最后一次礼仪式的视察。他亲手制造的作品正被吊在这个30米高的铁塔上。

当天夜里，奥本海默辗转反侧，极度不安。暴风雨开始袭击"三一试验场"，他担心这颗钚弹会被雷电引爆。

奥本海默同格罗夫斯找来了气象学家，气象专家告诉他们5—6点钟可以试爆。

7月16日凌晨2时天气开始慢慢好转，点火时间定于5时30分。

4时雨停了。

5时29分45秒"三一试验场"突然出现一道闪光。

强光把方圆400千米的天空照得通亮，爆炸中心的地面发出炫目的亮光，就像许多太阳直射着。直视爆炸的人，都暂时失明。一个紫色和橙色交织的巨大火球，向外扩散达1 500米。地面震动起来，一股急劲热气如海浪般涌出。承载原子弹的30米高的铁塔化为乌有，一柱白烟直冲云霄，散开成蘑菇状，最后升至12 200米高空。

爆炸40秒钟后气浪冲到了奥本海默的S-10 000掩体。弗兰克发现他的哥哥在掩体外面全神贯注地观察着。

10多年后弗兰克回忆说："这个令人感到不祥的云层悬浮在我们的头上。它呈现如此光彩夺目的紫色，并带着放射性光芒。它看起来似乎永无止境地挂在那里了。当然，不会是永久的。它实际上只有很短的一瞬间，然后就往上升去。这是非常可怕的。

接着是爆炸的雷鸣声。它在山岩上跳跃，然后就远去了——我不知道它还撞击在什么东西上。但是好像永远停不下来。不像雷鸣的通常回音。它不断地在那里翻来覆去地回响。当它消逝时，那个时刻非常令人惶恐不安。

我希望我能记得我哥哥当时说了些什么，但是我记不起来了，我想我们只说'成功了！'，我想这就是我们说的，我们两个都这样说：'成功了！'。"

奥本海默在原子弹爆炸的瞬间，他想起了印度教圣典《薄伽梵歌》中的一句话："我现在成了死神，成了世上万物的毁灭者。"

据报道，远在241千米之外，有一位双目失明的年轻姑娘"看"到了这道闪光。

一位在"三一试验场"参加试验的目击者说，"开始没有一点儿声音，太阳闪闪发亮，或者说看起来是这样。沙漠尽头的沙丘在亮光中闪烁，几乎辨不出颜色，看不出形状……又过了约10秒钟，光线越来越强，接着又暗下来，好像一个巨大燃油火团，形状有点像草莓……数分钟后，发出一声巨响。我虽然戴着耳塞，还是听到了很响的声音。接着，是一阵长长的隆隆声，像来自远处的重型车队"。

"三一试验场"爆炸刚一结束，格罗夫斯将军就说："战争结束了"。

几年后，奥本海默同格罗夫斯回到"三一试验场"，查看了试验场爆炸零点铁塔。

正当"三一试验场"的试验迎来核时代之际，铀弹（代号"小男孩"）被装载到旧金山的"印第安纳波利斯"号重巡洋舰上。这艘军舰将驶往太平洋马里亚纳群岛的提尼安岛。

战争结束了

1945年7月26日,奥本海默接到报告,"印第安纳波利斯"号重巡洋舰安全抵达马里亚纳群岛中的提尼安岛。第一颗实际使用的原子弹的主要部件在海军护卫队的护卫下,在海军军官和陆军军官们的注视下,被水手们从巡洋舰上卸下。"印第安纳波利斯"号巡洋舰完成了它的庄严使命。

不幸的是,3天后"印第安纳波利斯"号在返航途中被日本潜艇"伊-58"号发射的鱼雷击沉。舰上1 196人只有316人生还,其余全部殉难。

奥本海默的心情无比沉痛。他又一次想到了死亡,想到了1941年12月7日,日本偷袭美国珍珠港,想到了1937年12月13日震惊世界的日本在中国南京的大屠杀。日本军国主义者带给世界的是血雨腥风，他们血债累累。

在1945年的美国，有一个由美国陆军部部长史汀生领导的"临时委员会"。这个委员会的任务是：向总统提供原子弹的使用在政治、军事和科学各方面将产生什么问题的咨询。奥本海默是这个委员会的委员。

他积极建议对日本使用原子弹，理由是为了尽快结束战争。美国计划在1945年11月1日出动766 700人在日本九州岛登陆，奥本海默根据当时日本的军事实力，预测这次登陆作战起码要牺牲300 000名美国士兵。

在委员会会议上有人主张技术示威，一种方法是在"三一试验场"试爆原子弹时把日本人请来，让日本人看看原子弹的威力，然后劝日本人无条件投降；另一种方法是在一个荒岛上重新建一座城市，用原子弹再把它炸平，吓唬日本人一下，然后让日本人投降。奥本海默认为这都不可行，对日本军国主义者你不去打倒他们，消灭他们，他们绝不会自动地退出历史舞台。

委员会中还有一些人，主张告诉日本人我们要对他们使用原子弹，要轰炸他们哪一个城市。奥本海默坚决反对。他认为按照日本人的道德观，日本如果知道哪个城市将被原子弹轰炸，它一定会将外国的侨民移送到这座城市。

这是日本军国主义者的一贯所为。

奥本海默说:"主张纯粹的技术示威的人,认为使用原子武器是非法的,生怕用了它会在将来使我们的地位受到损害。但是我则坚信,要是立即在军事上使用它,就能拯救美国士兵的生命。士兵们关心的是结束这场血腥的战争,而不是消灭这个特种武器。我相信如果这种武器被希特勒或日本法西斯所掌握,他们绝不会用来结束战争,而是一定会用来扩大战争。我同意对日本使用原子弹,技术示威不大可能结束旷日持久的战争。除了在军事上使用原子弹外,我们找不到其他方法。"

奥本海默也想通过对日本使用原子弹,来证明美国花费巨额经费研制原子弹是值得的。他称原子弹是最经济的武器。

美国总统杜鲁门在1945年7月25日决定,如果日本拒绝接受《波茨坦公告》,不肯无条件投降,就对日本投掷原子弹。当天,新上任的美国驻太平洋战略航空部队总司令卡尔·斯帕茨将军接到了投掷第一颗原子弹的命令:

"1945年8月3日后,一俟天气条件允许目视轰炸,第20航空队第509混合大队应对下列目标之一投第一颗特种炸弹:广岛、小仓、新津和长崎。为运载陆军部军职及文职人员对此炸弹之爆炸情况进行观察和记录，要派飞机随携带炸弹之飞机同行。观察机应保持在离炸弹爆炸中心若干千米之外飞行。"

7月26日，《波茨坦公告》警告日本说，"我们严正通告日本政府：必须立即宣布所有武装部队无条件投降，并对此行动予以充分保证。除此一途，日本即将迅速完全毁灭！"正如奥本海默预料的一样，日本并没有因为《波茨坦公告》和即将毁灭的警告而停止战争，仍在负隅顽抗。

原子弹于8月1日在提尼安岛上一个有空气调节设备的炸弹仓库内装配。它长3米，直径70厘米。除大小不同外，外形很像一枚普通炸弹。

这颗代号为"小男孩"的原子弹，重4 400千克，炸弹内那个可分裂的^{235}铀弹芯，只占整枚原子弹重量的0.5%。一支近发引信调定在560米的高空引爆。下降的炸弹到达这个高度的时候，信管便引爆固定分量的炸药，以每秒1 500米的速度向前射出一小块^{235}铀，与在弹头的大块杯状^{235}铀相撞，达到临界质量，原子弹就在这一刹那发生核爆炸。

1945年8月6日上午8时15分17秒（当地时间），"依诺拉·盖伊"号B-29型"超级空中堡垒"轰炸机由保罗·蒂贝茨中校驾驶,从9 638米的高度,向日本广岛投下了世界上用于实战的第一颗原子弹——"小男孩"。

投弹几分钟后,广岛上空升起了巨大的蘑菇云,被炸后的广岛废墟一片。

8月9日,B-29型轰炸机在日本长崎投下了人类用于实战的第二颗原子弹——"胖子"。这是一颗钚弹。

1945年8月15日,人类迎来了一个爱好和平的人们永远不会忘记的日子。日本法西斯接受了《波茨坦公告》,宣布无条件投降。9月2日,在东京湾美国"密苏里"号战列舰上。日本签署了向中国、美国、英国、苏联无条件投降的投降书。第二次世界大战宣告结束。

战争结束的消息传到洛斯阿拉莫斯,所有的人都沉浸在欢乐之中,人们终于盼来了和平。英国科学家回国前,洛斯阿拉莫斯召开了盛大的欢送会。奥本海默夫妇坐在高腿桌子旁,一边喝着马丁尼酒,一边看着英国科学家们表演的哑剧。

话剧的最后结局是个大团圆——重新再现"三一计划"试验:用一个梯子做高塔,从上面把一桶东西往下倒,这些东西发出闪闪的亮光和乒乓作响的声音,达几分钟之久。

这确实是一次真正成功的演出，人们的苦辣酸甜尽在剧情中。观众们有的流泪，有的大笑，他们毫不掩饰地宣泄着各自不同的感受。

战争结束还不到24小时，奥本海默便离开了洛斯阿拉莫斯，到普林斯顿高级研究所任职。

奥本海默后来回忆说："1945年9月的洛斯阿拉莫斯，高级文职科学家对战时条件下的生活，对战时的安全措施，对战时所从事的陆军职务都已经感到厌倦。他们再也无法忍受下去，他们殷切地思念他们的学校，思念他们的实验室和课堂。

比较年轻的文职人员，思念的是他们不曾获得的学位，以及他们本应该享有的深造……"

奥本海默在离开洛斯阿拉莫斯的晚会上，以幽默的口吻说："我今天晚上将作为一名科学家，向同仁们讲话——如果你们之间有哪些人记忆力强的话，你们会认为这是有道理的——至少对我们现在所处困境的一个共同担忧者。"他认为，这里面涉及的"问题是十分简单的，也是十分深刻的"。对他来说，问题之一就是科学家为什么要制造原子弹。

科学家为什么要制造原子弹？他列举了一些动机，如"担心纳粹德国会抢先制造出原子弹，或者是希望原子弹能缩短战争，也可能是一种冒险意识"。他觉得冒险意识对有些人是合适的。要让世人知道，原子弹是"可以造出来的"。但是他认为基本的动机是政治。

他说："当你对此追根究底的时候，你就能找到必然要做这项工作的理由。为什么要做，因为你是一名科学家。你是一名科学家，你就不可能阻止这件事。如果你是一名科学家，你就要寻找出世界的出路，寻找出人类前进的道路，把最大的权利交给全体人类。这项权利是为了控制世界，并按照人类对世界的理解来规范和处理它……"

这就是玻尔说的"原子弹的意义是：把控制世界的最大可能的权利交给整个人类，并按照它的启发和它的价值来加以处理"。"原子弹是恐惧的源泉，也正因为这个原因，它又是希望的源泉，是把各个国家由于对带威胁性的对峙具有共同的担忧而结合起来的手段。"

奥本海默把原子弹这个可怕的武器带到了人间，那是为了正义，为了制止纳粹德国给人类制造的灾难和日本军国主义的扩张行径。现在战争结束了，他认为核武器的制造也应该停止了。核能作为一种新型能源应该为人类带来福音，而不是浩劫。

战后，奥本海默一直担任着美国原子能委员会总顾问委员会的主任。他曾大声疾呼，为了世界和平，必须制止核军备竞赛，制止核战争，要对原子能实行国际控制，要和平利用原子能。他强烈反对研制氢弹，认为"这种武器无限制的毁灭力使得它本身的存在以及它的制造技术都构成对整个人道主义的威胁，从任何观点来看热核武器都是一种罪孽"。

为表彰奥本海默对原子弹研制所做出的卓越贡献，美国政府授予他美国功勋奖章。科学界则把一个光荣的称号——"原子弹之父"送给了他。

奥本海默受他的情人和朋友的影响很深，从20世纪30年代起在政治上就表现出"左"倾色彩，被美国政府中的强硬分子指责为共产党的"间谍"，在"麦卡锡主义"横行时代遭受了残酷的政治迫害。1953年12月，艾森豪威尔政府决定审查奥本海默，并取消其安全特许权。1954年4月12日至5月6日，格雷三人委员会举行听证会，审查奥本海默，这就是轰动世界的"奥本海默事件"。随着美国"麦卡锡时代"的结束，美国政府终于意识到对奥本海默的迫害，不仅是对他个人极不公正的伤害，而且也是对美国利益的损害。美国约翰逊政府于1963年12月授予奥本海默原子能委员会费米奖,这本身即意味着美国政府为奥本海默恢复了名誉。

1947年至1966年,奥本海默一直担任普林斯顿高级研究院院长。他把在洛斯阿拉莫斯所锤炼定型的启发式管理风格带到了普林斯顿,使这座科学殿堂成为理论物理学的一个"麦加"圣地。

他本人也为高能物理和量子场论的发展作出了贡献。

1967年2月18日,奥本海默因患喉癌医治无效逝世,终年64岁。

世界五千年科技故事丛书

01. 科学精神光照千秋：古希腊科学家的故事
02. 中国领先世界的科技成就
03. 两刃利剑：原子能研究的故事
04. 蓝天、碧水、绿地：地球环保的故事
05. 遨游太空：人类探索太空的故事
06. 现代理论物理大师：尼尔斯·玻尔的故事
07. 中国数学史上最光辉的篇章：李冶、秦九韶、杨辉、朱世杰的故事
08. 中国近代民族化学工业的拓荒者：侯德榜的故事
09. 中国的狄德罗：宋应星的故事
10. 真理在烈火中闪光：布鲁诺的故事
11. 圆周率计算接力赛：祖冲之的故事
12. 宇宙的中心在哪里：托勒密与哥白尼的故事
13. 陨落的科学巨星：钱三强的故事
14. 魂系中华赤子心：钱学森的故事
15. 硝烟弥漫的诗情：诺贝尔的故事
16. 现代科学的最高奖赏：诺贝尔奖的故事
17. 席卷全球的世纪波：计算机研究发展的故事
18. 科学的迷雾：外星人与飞碟的故事
19. 中国桥魂：茅以升的故事
20. 中国铁路之父：詹天佑的故事
21. 智慧之光：中国古代四大发明的故事
22. 近代地学及奠基人：莱伊尔的故事
23. 中国近代地质学的奠基人：翁文灏和丁文江的故事
24. 地质之光：李四光的故事
25. 环球航行第一人：麦哲伦的故事
26. 洲际航行第一人：郑和的故事
27. 魂系祖国好河山：徐霞客的故事
28. 鼠疫斗士：伍连德的故事
29. 大胆革新的元代医学家：朱丹溪的故事
30. 博采众长自成一家：叶天士的故事
31. 中国博物学的无冕之王：李时珍的故事
32. 华夏神医：扁鹊的故事
33. 中华医圣：张仲景的故事
34. 圣手能医：华佗的故事
35. 原子弹之父：罗伯特·奥本海默
36. 奔向极地：南北极考察的故事
37. 分子构造的世界：高分子发现的故事
38. 点燃化学革命之火：氧气发现的故事
39. 窥视宇宙万物的奥秘：望远镜、显微镜的故事
40. 征程万里百折不挠：玄奘的故事
41. 彗星揭秘第一人：哈雷的故事
42. 海陆空的飞跃：火车、轮船、汽车、飞机发明的故事
43. 过渡时代的奇人：徐寿的故事

世界五千年科技故事丛书

44. 果蝇身上的奥秘：摩尔根的故事
45. 诺贝尔奖坛上的华裔科学家：杨振宁与李政道的故事
46. 氢弹之父——贝采里乌斯
47. 生命，如夏花之绚烂：奥斯特瓦尔德的故事
48. 铃声与狗的进食实验：巴甫洛夫的故事
49. 镭的母亲：居里夫人的故事
50. 科学史上的惨痛教训：瓦维洛夫的故事
51. 门铃又响了：无线电发明的故事
52. 现代中国科学事业的拓荒者：卢嘉锡的故事
53. 天涯海角一点通：电报和电话发明的故事
54. 独领风骚数十年：李比希的故事
55. 东西方文化的产儿：汤川秀树的故事
56. 大自然的改造者：米秋林的故事
57. 东方魔稻：袁隆平的故事
58. 中国近代气象学的奠基人：竺可桢的故事
59. 在沙漠上结出的果实：法布尔的故事
60. 宰相科学家：徐光启的故事
61. 疫影擒魔：科赫的故事
62. 遗传学之父：孟德尔的故事
63. 一贫如洗的科学家：拉马克的故事
64. 血液循环的发现者：哈维的故事
65. 揭开传染病神秘面纱的人：巴斯德的故事
66. 制服怒水泽千秋：李冰的故事
67. 星云学说的主人：康德和拉普拉斯的故事
68. 星辉月映探苍穹：第谷和开普勒的故事
69. 实验科学的奠基人：伽利略的故事
70. 世界发明之王：爱迪生的故事
71. 生物学革命大师：达尔文的故事
72. 禹迹茫茫：中国历代治水的故事
73. 数学发展的世纪之桥：希尔伯特的故事
74. 他架起代数与几何的桥梁：笛卡尔的故事
75. 梦溪园中的科学老人：沈括的故事
76. 窥天地之奥：张衡的故事
77. 控制论之父：诺伯特·维纳的故事
78. 开风气之先的科学大师：莱布尼茨的故事
79. 近代科学的奠基人：罗伯特·波义尔的故事
80. 走进化学的迷宫：门捷列夫的故事
81. 学究天人：郭守敬的故事
82. 攫雷电于九天：富兰克林的故事
83. 华罗庚的故事
84. 独得六项世界第一的科学家：苏颂的故事
85. 传播中国古代科学文明的使者：李约瑟的故事
86. 阿波罗计划：人类探索月球的故事
87. 一位身披袈裟的科学家：僧一行的故事